ふと感じる寂しさ、孤独感を癒す本

根本裕幸

はじめに

皆さんは、ふだんの生活のなかでふと孤独を感じたり、「なんだか寂しいな」と思ったりすることってありますか？　あるいは「気がつけば一人ぼっちな気がする」とか、「心のどこかに、誰ともつながれていない孤独感がある」という感覚に陥ったことはありませんか？

そんな方のために本書を書き下ろしました。

でも、孤独感や寂しさってそれだけではないのです。次に挙げるリストに一つでも当てはまる方の心のなかには、孤独感や寂しさが知らない間に根づいている可能性があります。

何かと忙しく動いていて、落ち着いて過ごす時間があまりない。
予定が入っていると安心する。真っ白な予定表を見ると不安になる。
何か目標に向けて頑張っていないと落ち着かない。
気がつくとSNSのアプリを開いて、友達とやり取りをしている。
一人でぼーっと過ごすのが苦手で、いつも何かしている。
ハードワークの傾向がある。
甘いものやお酒等が日常生活に欠かせない。
一人暮らしに慣れてしまって、誰かと一緒に過ごす日常が想像できない。
一人になるのが怖くて、実家を離れられない。
いつも刺激を求めている自分がいる。
人と親密になることに抵抗がある。

自分のことを分かってくれる人なんていないと思っている。
人に自分のことを話すのが苦手だ。
恋人も友達もいるけれど、少し距離のある関係の方が安心する。

少し意外に感じるものもあるかもしれませんが、人が孤独感や寂しさを心のなかに抱えているときに起こりがちな、日常の感情をリストアップしてみました。

実は、孤独感や寂しさを「まったく感じていない」という人はこの世に存在しません。しかし、同時に私たちにはその感情を怖れ、感じないようにするために、何かでごまかそうとする心理があります。

具体的には、誰かと一緒にいることで寂しさを感じないようにしたり、仕事や家事において何らかの役割を担うことで孤独にならないようにしていたり、恋愛・仕事・ギャンブル・甘いもの等の刺激物に依存することで寂しさを紛らわそうとしたりしているのです。

そもそも現代は、孤独感や寂しさを感じやすい環境にあります。

インターネットの発達は便利なことをたくさん増やしてくれましたが、同時に、人と人との心理的・物理的距離は、以前に比べれば随分と空いてしまったと思いませんか？

直接言葉を交わさなくても、文字のやり取りで必要なことを伝達できたり、人に聞かずともネットで知りたいことを知ることができたり……。

そこに新型コロナウイルスがやってきて、ますます人との距離感が空いてしまいました。

顔を突き合わせていた商談や会議がパソコンの画面越しになり、家族や友達に会う機会が激減した方も少なくないでしょう。在宅勤務で出勤しなくて済む楽さはあるものの、誰とも直接言葉を交わさない日常が増えていませんか？

さらには、人とリアルに会うときはマスクをして、かつ、距離感にも気を遣うようになってしまいました。

それにより、以前よりもますます孤独感や寂しさを実感している人が増えているように思います。

孤独感や寂しさは時に「人を狂わすほどの感情」と例えられるほど苦しく、つらい感情です。この感情を長く抱え込んでしまうと精神的に不安定になって、自分を保てなくなります。だから、人はできるだけこの感情から目を背けたくなり、先に紹介したような方法でこの感情を感じないようにしようとします。

しかし、何かでそれをごまかしたとしても、その感情がなくなるわけではなく、むしろ逆に、その分だけより強い刺激を求めるようになります。それがひどくなれば心身の調子を崩すことになります。

本書では、そうした人間の根源的な感情である「孤独感」と「寂しさ」にフォーカスを当て、その感情から逃げるのではなく、真正面から向き合い、そして、上手に付き合っていけるような方法を具体的に紹介していきます。

まずは、孤独感や寂しさが日常のどんな場面に潜んでいるのかを見ていきます。「あるある！」と納得したり、意外に感じることもあるかもしれませんが、読み進めてください。続いて、その感情について心理学的な見地から解説をしますので、理解を深めましょう。その上で、孤独が生み出すより深い問題について考察していきます。もしかすると、自分の慢性的な問題がここに描かれているかもしれません。そして、いよいよ孤独感と寂しさから抜け出す方法を具体的なエクササイズと共に紹介し、最後は「自己充足」「自己超越」に取り組むことでその感情を越えていく生き方を提案しています。

巻末には私のブログ読者から寄せられた「寂しさの癒し方」も紹介しています。それを参考にしつつ「孤独感、寂しさと上手に付き合っていく生き方」を身につけていきましょう。

目次

第2章　孤独感、寂しさとの向き合い方

第3章　孤独から生まれる問題、孤独を生む問題

第4章　孤独から踏み出す一歩

第5章　自己充足感を得る

第1章

孤独で不安な
あなたへ

2020年、世界が変わった

あるクライアントさんがちょっと寂しげな表情で、「実家に帰省しようと思ったのに『帰ってくるな！』って言われたんですよね」とおっしゃっていました。前年まではお父さんの体調を気遣い、また、そのお父さんの看病をしているお母さんを労《ねぎら》うために頻繁に実家に帰っていた彼女。しかし、突然訪れたコロナ禍によって、彼女は遠く離れた大阪から両親を見守ることしかできなくなっていました。

別のクライアントさんは2020年5月、緊急事態宣言が明けてしばらくしたのち、こんな話をしてくださいました。

「私は、コロナのことはそんなに過剰に気にする必要なんてないと思っていたんですが、かなり神経質になっている友達もいるんですよね。よくご飯やお茶を一緒にしていた4人組がいたんですが、そのなかの一人の子は緊急事態宣言が明けてからも、『集まるのはよくない』と思っているようで、全然顔を出さなくなってしまったんです。なんだかバラバラになってしまったんですよね。ずっと仲良くしていただけに、すごく寂しいんです」

また、仕事のやり方にも影響が出ていますね。一人暮らしのマンションで在宅勤務が日常化したある方はこんな話をしてくれました。

「気がつけば私、この1週間、リアルに人としゃべってないかもしれません。朝から晩までオンラインでミーティングがあるので、人とはしゃべっているんですけど、パソコンの画面越しです。スーパーで買い物してもセルフレジを利用しますし、ウーバーイーツや宅配便のお兄さんとはあいさつ程度の言葉を交わすくらいなんです。それに気づいて、ハッとしたんですよね。リアルに人としゃべらないってある意味怖いことですし、私、すごく孤独な人間なんじゃないかと思ってしまったんです」

さらに、このようなお話もよく耳にしました。

「社内の調整も、取引先との打ち合わせもオンラインが主流になって、体力的にはすごく楽になりましたが、一方で、仕事の進め方がけっこう難しくなって……。以前なら、隣の部署に顔を出してその案件に詳しい方にちょっと教えてもらう、なんてことができましたが、今はその人にわざわざアポをとって、オンラインで話をしないといけないんです。すごく手間がかかるんですよ。そうしているうちに、チームで仕事をしているはずが、一人ぼっちで仕事しているように思えちゃうんですよね」

新型コロナウイルスの感染拡大により、それまで当たり前だったことが当たり前でなくなり、ライフスタイルも大きく変化しました。「ソーシャルディスタンス」という言葉が盛んに言われるようになり、人とは物理的な距離をとるようになりました。

また、常にマスクをする習慣により、コミュニケーションに支障を感じている方も少なくないのではないでしょうか。往々にして、物理的な距離は、心理的な距離に比例します。また、マスクで口元が覆われて見えなくなると、それは同時に相手の心が見えにくくなることを意味します（人は言葉や声だけでなく、表情や目、口の動きなどで相手の感情を察するものです）。

そうした変化によって、知らず知らずのうちに人との距離ができ、私たちは孤独感を深めているのかもしれません。

確かに、インターネットがあるおかげで、何らかの形で人とつながることはできています。SNSのおかげで実際に会わなくても相手の近況が分かったり、気軽にやり取りができたりします。また、オンライン会議システムのおかげで実際に会わなくてもミーティングをしたり、研修をしたりすることもできます。

インターネットのおかげで、相手の声や表情をリアルタイムで聞いたり見たりはできます。でも、実際に会うことと比べてどうでしょうか？　むしろ、徐々にイベントが解禁され、人が再び集まるようになってきたら、「やっぱりリアルで会う方が全然いいよね！」という実感を持たれている方も少なくないのではないでしょうか？

オンラインにはオンラインの素晴らしい点が確かにあります。私もセミナーをオンラインで開催していますが、そのおかげで、リアルではなかなか会えない海外や地方在住の方に会えたり、仕事や子育てに忙しくセミナー会場まで足を運べない方にも参加していただけています。人目を気にしてちょっと躊躇しがちなワークに取り組んでいただいたりすることもでき、オンラインの恩恵をたくさん享受しています。

しかし、カウンセリングでもセミナーでも、オンラインでのセッションを重ねれば重ねるほど、もどかしさも感じるようになりました。

もっと伝えたいことがあるのに、それが伝えられないような感覚。

もっとクライアントさんの情報を感じたいのに、感じきれない葛藤。

当たり前かもしれませんが、やはり、実際に会った方がずっと身近にクライアントさんを感じられるのです。

新型コロナウイルスにより、私たちは様々な影響を受け続けています。少なからず人との心理的距離が空いてしまった結果、私たちはますます孤独を深めているのかもしれません。

深まる孤独

そもそも新型コロナウイルスが登場する以前より、特に都会では人とのつながりがどんどん希薄になっていました。

新しい家に引っ越した際、隣家等にあいさつに行くことはあっても、その後、密接なつながりを築くことはめったにありませんよね。「隣の人がどんな人か分からない」という環境が、当たり前になっています。

また、インターネットやスマホの普及により、それまでは「誰かに教えてもらっていたこと」が、自分で手軽に調べられるようになりました。以前は知らない街に行くときはよく人に道を聞いていませんでしたか？　それがスマホの地図アプリで簡単に経路検索ができるようになり、自力で目的地にたどり着くことができるようになりました。

そして、料理のレシピもお母さんに聞いたり、料理上手な友達に教えてもらったりしなくても、アプリを使えば簡単に、かつ、分かりやすく、しかも、自分のプライドを損なうことなく作り方が分かるようになりました。

そうした例は枚挙にいとまがありませんが、結果的に「人に尋ねる、教えてもらう」というコミュニケーションがずいぶんと減ったことは、皆さんも実感しているのではないでしょうか。

インターネットの普及は多くのメリットをもたらしています。ひざを突き合わせて話をしていた商談がネット会議システムに置き換わったり、店の人にあれこれ相談して購入を決めていた家電等も、口コミを比較して購入したりするようになりました。

様々な場面で利便性が進んだ一方で、人と接する時間が減り、気がつけば孤独になっているケースが多いのではないでしょうか。

さらに、近いはずの家族との距離も徐々に希薄になっていることを感じませんか？　お正月に親せきで集まる習慣が残っている家はかなり少なくなっていますし、一人暮らしを始めたら年に1回くらいしか実家に顔を出さない人もいます。

「一人でいるのが気楽でいい」と感じる人もいらっしゃるかと思いますが、震災や水害等の自然災害に見舞われたあと、孤独を実感して不安でたまらなかった、という声を何人もの方から聞きました。

もちろん、「孤独死」という言葉が一般化しているように、社会との関係が希薄になってしまった人たちが一人でひっそり亡くなっていくケースは、ニュースにならないほどよくある話になってきています。そのような年齢に達するにはまだまだ時間がかかるとしても、「このまま一人だったら自分もそうなるかも」という不安をどこかに抱えていらっしゃる方も少なくないでしょう。

周りの人と接することなく生活できる日々は、周りから干渉を受けなくて自由に過ごせるメリットがある一方で、いざというときに「頼る人が誰もいない」というデメリットもあるわけです。それは一人暮らしの方だけでなく、現在結婚していて家族がいらっしゃる方にも、実家にお住まいの方にも当てはまる事実ではないでしょうか。

より便利に、機能的になっていく世の中で、人との関係性が分断され、孤独になる人が増えるのは解決すべき社会問題です。ただ、そうした孤独に自分自身でも向き合い、答えを出しておく必要があるのではないでしょうか。

自分が孤独だったことに気づいた

ふだんは一人で快適に暮らしている方が、ある出来事をきっかけに孤独に気づくことがあります。カウンセラーという仕事をしていると、そうしたお話を伺う機会もまた多いものです。

ある女性は「ふだんは全然一人で平気だったんです。元々家が好きで、1日中家にいても楽しいんですね。気ままにご飯を食べて、インターネットで映画を観て、片づけや料理をしたりして過ごすのが好きでした。だけど、定期健診で子宮にちょっと異常が見つかって、精密検査をした方がいいと言われて、そこから急に一人で過ごすのが不安になってしまいました」とおっしゃいました。

幸い検査結果は異常なしだったのですが、「誰かに側にいてほしかったし、孤独はほんとうにつらい」と気づいたそうです。それから、彼女は敬遠していた婚活に力を入れるようになりました。「やはり誰かと一緒に暮らしたいし、相手がつらいときにも一緒にいてあげたいから」という思いが強くなったのだそうです。

彼女の場合は定期健診の結果が思わしくないことがきっかけだったのですが、病気以外でも、前項で少し触れた、災害が起きたときや家の近所で何か事件があった際にも、同じように孤独であることに気づき、不安になってしまうケースは女性には特に多いのではないでしょうか。

また、何かの折に将来のことを考え始めたときに、自分が孤独であることを痛感した方もいます。彼女は30代半ば。今の賃貸マンションの更新の時期が半年後に迫っていて、このまま契約を継続するか、それとも中古マンションを買うかを検討していました。マンションを買うとなるとローンを組むので、これから先の将来設計を嫌でも考えないといけなくなりますね。「結婚するとしたら、その買ったマンションは貸し出すなり、売るなりすればいいので気軽に考えてたんです。でももし、このまま一人だったら、もしかしたら買った家が終《つい》の棲家《すみか》になる可能性もありますよね？　そう考えたら、急に一人で生きていくことが怖くなったんです」と。

さらに、このような話を伺うこともあります。

仕事をずっと頑張ってきてそれなりの成果を上げ、休日は一人旅に出るのが趣味の女性です。彼女はとても明るい性格で、「仕事ばっかりしてたら、婚期を逃しちゃいました」

と笑って語ってくれるのですが、そんな彼女でも、ふと、孤独を強く感じる機会がありました。

あるとき、学生時代からの友達が地元に帰ってくるというので、久々に昔から仲が良かった人たちと集まってご飯を食べることにしたそうです。SNS等でやり取りする仲良しグループなのですが、気がつけばみんな子供がいるんです。顔を合わせて話をすると、子供の話題に終始する友人たち。そのなかで全然話題についていけず、とても孤独を感じたそうです。

他にも、不倫の恋をしている女性が不倫相手からの連絡が急に途絶えたときや、ショッピングモールで家族連れを見かけたとき等、ふとした出来事から孤独を実感することもあります。

自分が健康で元気なとき、ふつうに仕事をして生活ができているときは、あまり孤独であることを実感しないものです。しかし、何かのきっかけで「当たり前の日常」が崩れると、そこに孤独が現れることがよくあるのです。

喪失感がもたらす孤独

ある人は「6年前に、姉妹のように育った親友を自死で亡くしてから孤独を感じるようになりました。特に、誰かが友人と楽しく過ごした話を聴くと、孤独は深まります」と言います。

また、家族やパートナー等、身近な人の死を体験して以来、今まで感じなかった孤独感にさいなまれる方は少なくないと思います。実は私も、親友を自死で亡くした経験があります。それ以来、自分ではあまり自覚していませんでしたが、「友達」という存在を作ることに怖れを抱くようになったのでしょう。しばらくの間、親しい友人を作ることを無意識に避けるようになっていました。その間、家族とのつながりや恋人の存在はありましたが、心のどこかにぽっかりと穴が空いたような孤独感を覚えていたものです。

ほかにも、大切な家族や家族同然のペットを亡くしたとしたら、それは大きな喪失感をもたらすでしょう。カウンセラーとして、そうした方々のグリーフケアを請け負うこともあります。お話をお伺いするたびに、亡くなった人やペットの存在がクライアントさん自身が思っている以上に大きく、その分、喪失感も強く、孤独感を抱え込んでいらっしゃると感じます。

失恋や離婚もまた喪失体験の一つです。これらも「一つの恋の死」であり、「結婚生活の終焉」を意味しますね。今まで恋人と当たり前のように週末を過ごし、ふだんも頻繁に連絡を取り合っていたのに、その時間がぽっかり空いてしまうわけですから、そこには孤独感がしっかりと根づいてしまうかもしれません。

また、いざこざがあったとはいえ、それまで当たり前に家にいた人がいなくなることは孤独を感じさせますね。

離婚を経験したある男性は、離婚したことでほっとした面もあったものの、妻の不在による違和感を感じ、自分が本当に一人ぼっちになったことに気づいた、と語ってくれました。

リーダーの孤独

よく「経営者は孤独な職業だ」と言われます。たとえ、右腕と呼ばれる存在がいてくれたとしても、最終的な決断は自分が下すことになりますし、その一切の責任も自分の肩にのしかかってきます。また、経営者と従業員といったように、立場が違えば思いを理解し合うことは難しいでしょう。それゆえ、経営者は自分の気持ちを身近な人たちに理解してもらいにくく、孤独感を覚えるものです。

そのため、経営者はその孤独感を理解し合える経営者同士でつながることが多くなりますね。

経営者に限らず、プロジェクトリーダーや店長、また趣味の世界であってもグループをまとめる人は、どこかに孤独感を抱えることになります。ある女性は、自分が任されたプロジェクトがあったのですが、周りの人と彼女の情熱に温度差があり、メンバーとの距離が生まれ、たった一人で仕事をしているような孤独感に陥ってしまったそうです。

一人ぼっちのイベントで感じる孤独

クリスマス、お正月、バレンタイン、ホワイトデー、お花見、ハロウィン……、私たちの生活には毎月のように様々なイベントが用意されています。しかも、その1か月くらい前から街中にはイルミネーションが輝き、雑誌でもネットでもそのイベントに関する特集が組まれたりします。恋人同士や家族で過ごす方は計画を立ててその日を楽しみにするでしょう。

そんな社会の雰囲気のなかで、一人ぼっちで過ごすとしたら、まるで自分が取り残されたような孤独感を覚え、時には消えてしまいたいほどの思いに駆られてしまうものです。

もちろん、そうした孤独感を感じるのは、恋人や家族、親しい友人が欲しいと思っているにも関わらず、それが叶わなかったからです。

「ほんとうは欲しいのに、手に入らない」

そんな思いが、この孤独感をさらに駆り立てているのでしょう。実際、そのようなイベントには興味がない方は、浮かれている人たちを尻目に自分の世界を楽しもうとしますし、恋人がいなくても平気な方もいるでしょう。

ということは、この「孤独感」を理解するには、その「ほんとうは欲しいのに、手に入らない」という思いがカギを握るのかもしれません。

本音を分かち合えない、理解されない孤独

実は「孤独を感じる瞬間」を私のブログやSNSで募集したのですが、たくさんいただいたメールのなかで「なるほどな。確かに！」と思わず唸《うな》ってしまったのがこの「本音を分かち合えないときに感じる孤独感」や「自分の本音を理解されない孤独感」でした。

「自分の本音を勇気を出して話したのに、相手に『よく分からない。理解できない』と言われたとき、ものすごく距離を感じてしまった」と書いてくださった方がいました。

ほかにも、

「自分が『おもしろい』とか『興味深い』と思ったものを、周りの人に理解されなかったとき」

「信頼して悩み事を打ち明けたのに、理解してもらえず逆に責められたとき」

「つらい・しんどい・やめたい・もう嫌だ・助けて等の弱音を吐けないとき（弱音を吐いても受け止めてもらえない）」

「表面的には仲良し家族に見えているようで、友人等から『うらやましい』と言われるとすごく孤独感を覚えてしまいます。ほんとうは夫婦関係はボロボロなのに、二人とも世間体を気にしすぎて外ではいい顔をしてしまうのです」

といった声を聞かせていただきました。


皆さんも、そのような孤独感を覚えたことはきっと一度や二度ではないでしょう。私たちは自分の気持ちを「分かってもらえた」ときにつながりを覚え、安心感や居場所を感じることができます。とするならば、「分かってもらえない」という思いは逆に孤独感を深めることになるのです。

孤独感を理解する上で、この部分はすごく大切なように思えます。

一緒にいるのに孤独

一人でいるときに孤独を感じるのは理解しやすいと思いますが、「誰かと一緒にいるのに孤独」という現象も実は珍しくありません。この「一人じゃないのに孤独を感じる」というのはすごくつらいことで、いたたまれないことも多いのです。

ある女性は、彼と同棲して2年ほど過ぎた頃から彼の態度がどんどん冷たくなっていったと言います。一緒にいても心ここにあらずという感じで、ずっとスマホをいじっています。「仕事が忙しいのかな?」と思っていましたが、それにしては態度がおかしいので、さりげなく様子を聞いてみても的を射た返事は返ってきません。

彼女は寂しさや不安が徐々に強くなっていきます。スキンシップも減っていきます。一緒に暮らしていることは変わらないのですが、二人の間にはどんどん距離が生まれていました。一緒にいるのに、心は別の方向を向いている。この孤独感に彼女の心はつぶれそうになっていました。彼のことは大好きなのに、彼が用事で外出して家に一人になるとホッとしている自分もいました。

夫婦や家族で過ごしているのに孤独

家族のなかで自分一人がぽつんと浮いているような、家のなかにどこにも居場所がないような感覚を味わったことはありませんか？

子供時代だと、特に思春期によく起こりますし、夫婦であってもお互いの意見や考えがすれ違うと、「一緒にいるのに孤独」を感じることになります。

「自分の気持ちなんて誰も分かってくれない」

「二人とも働いているのに、なんで私ばかり子育てや家事をしなきゃいけないの？　二人の子供じゃないの？」

「家族のために一生懸命働いているのに、誰も自分に感謝してくれないし、話も聞いてくれない」

そんな思いを抱いたこと、皆さんはありませんか？

例えば、子育て中のお母さんはよく孤独感にさいなまれることがあるものです。「子供とずっと一緒にいるのになぜ？」と思われるかもしれませんが、子供はかわいくて、大切だけど、大人との接点がないのです。夫が仕事に出ている間は一人で子供と接します。夫が帰ってきたら手伝ってほしいことはたくさんあるし、話もいろいろ聞いてほしいのに、夫は疲れて上の空、なんてケースもとてもよくありますよね。

一方、仕事を頑張っているお父さんにしても同じです。家に帰れば妻と子供たちが仲良くおしゃべりをしていて自分が入る隙間がないと感じたら、家族と一緒にご飯を食べていても孤独感を覚えるでしょう。

SNSで感じる孤独

「自分が誘われていないパーティでみんなが楽しんでる写真がSNSにアップされていて、すごくショックだった」という話、皆さんも聞いたことがあると思います。また、似たような体験をしたこともありませんか？

ＳＮＳはとてもありがたいツールです。しばらく会っていないけどＳＮＳではつながっている友人に再会すると「全然久しぶりな気がしない！」という不思議な感動をもたらしてくれることもあります。

しかし、そうしたつながりを感じさせてくれるツールであるがゆえに、何かのきっかけですれ違いや分離を感じると、一気に孤独感が生まれ、心に深い傷を残しやすいのかもしれません。

「自分がアップした投稿にはあまり反応がないのに、友達の投稿にはみんながコメントを寄せている」

「寂しいな、と思っているときに限って、友達同士で楽しそうに笑ってる写真ばかり目についてしまう」

「家族での写真をアップしている人たちが多くて、そのたびにすごく嫌な気持ちになる。それなら見なきゃいいって分かっているのに、なぜかつい見てしまい、また気持ちが落ち込む」

そんな思いを感じたことがある方も、少なくないのではないでしょうか。

SNSにはメリットもありますが、それを楽しむためにはそうした「孤独感」に対する「免疫」が必要なのです。

夢や目標を叶えたあとにやってくる寂しさ

ある目標に向けて頑張ってきて、一定の成果を収めたのちにやってくる寂しさです。

少し種類の違う寂しさをご紹介したいと思います。

売り上げ目標、ずっと叶えたかった夢、ダイエット、フルマラソンのタイム、結婚……。どんな目標であっても同じことが起こります。その夢や目標にかけていた思いが強ければ強いほど、ゴールを迎えた瞬間に、ちょっとした寂しさを感じるようになってしまうのです。

そもそも、人は「夢を叶える怖れ」を持っているものです。

それは「夢が叶ってしまったら、夢がなくなってしまって、そのあとどうしていいのか分からない」という思いから生まれるものですが（実際は、夢を叶えるとまた次の夢がやってくるものです）。その「夢がなくなってしまった」という感覚が「寂しさ」として感じられるんですね。

自分が強い思いを持っている夢や目標が現実になってしまったら、そのプロセスで費やしていたエネルギーが浮いてしまいますよね。だとしたら、寂しくなるのも当然なのです。だから、時には一種の「燃え尽き症候群」のようになる場合もあるでしょう。

「老い」がもたらす寂しさ

年を取って一人になったり、交友関係が希薄になったり、仕事を引退したりすると「一人寂しい老後」、というシーンを思い浮かべるかと思います。でも実はそんなことはなく、もっと若い時代から「老い」による寂しさは感じ始めているものなのです。

「老い」と言うと、それこそ70代、80代をイメージされるかもしれませんが、実際は20代後半から体の機能が徐々に衰えて、老い始めます。また、気力については個人差がありますが、「世の中こんなもの」と分かってきたり、経験を積んだり、先が見えるようになったりした頃から「老い」が始まります。例えば、以前のように、仕事や恋愛に情熱が感じられなくなる、といったことです。

「以前ほどの情熱がない」ということに気づくとき、人は「寂しさ」を感じるのです。

それと同時に「女として終わってしまう」「男としてもう終わりかもしれない」という思いを年齢と共に感じる方は少なくないと思います。それもまた「寂しさ」を生みます。「もう若くない」ということを自分で認めることになり、悔しいような感覚にもなるでしょう。「もうおばちゃんだから」「俺、もうおっさんだよな」なんて言葉を口にし始めたら、心の内には「老い」の寂しさを感じ始めたと言っていいと思います。こういった感情はやはり30歳以降に出てくる「寂しさ」ですね。

それは「若い」と言われていた時代から「大人」「成熟」という時代への移行期に出てくるもので、いわば「卒業する寂しさ」と似たようなものでしょう。

さらに年齢を重ねれば、外見的、機能的な衰えも実感するようになります。恋愛に興味が薄れてくると、「老い」を強烈に感じるようです。恋をしてもかつてのような情熱を感じなかったり、異性がいなくても平気だったり、結婚してすっかり落ち着いてしまったりすると「もう自分は女（男）として終わりなんだな」という実感を覚え、それがまた寂しさを生みます。

その寂しさを埋めるように、40代や50代になっても異性を求める方は私のクライアントさんにも非常に多く見受けられます（それは悪いことではありません）。

孤独を見つめ直そう

さて、様々なパターンの孤独感を紹介してきましたが、あなたの「今」、あるいは、「過去」に、いくつ当てはまりましたか？

孤独感はとてもつらく、苦しい感情ですから、できれば感じることなく過ごしたいものです。そして、いざ、その感情を覚えたとするならば、それを直視したくないため、何かでごまかそうとしたり、見なかったことにして蓋《ふた》をするものです。

例えば、孤独感を紛らわせるためにお酒や過食に走る人がいます。お酒を飲むことや、食べることによってその思いを紛らわそうとするのです。

また、家に帰ると一人ぼっちの現実が待っているとしたら、その現実を感じないようにするために、過剰に仕事に打ち込む人もいます。

自分のなかにある孤独を見つめることは、少し勇気がいるようです。しかし、次の章でお話しするように、その思いは誰もが心のなかに抱えているものであり、ある意味、私たちに一生つきまとう感情と言ってもいいものです。

何かでごまかしたり、なかったことにするよりも、その感情と向き合える強さを備え、堂々と孤独感を見つめられる人になってみませんか?

次からの章では、私たちが生きている以上、必ず直面する孤独感について理解を深め、どう向き合っていけばいいのかを考えていきたいと思います。

なお、本章では「孤独感」という言葉を主に使ってきましたが、似た意味の言葉に「さびしい」もあります。この「さびしい」も「寂しい」「淋しい」と異なる漢字が存在し、また、それを「さみしい」と表現する人もいます。

まず、「孤独感」というのは「孤独」という「一人ぼっちの状態」のときに感じる気持ちのことですから、「さびしい」とほぼ同じ意味だと解釈してよさそうです。また、「さみしい」は「さびしい」から転化したものだそうですが、「さみしい」は常用外（常用語ではない）ということで、本書では「さびしい」と表記します。

また、「寂しい」「淋しい」ですが、厳密に言えば微妙に違う意味があるようですが、結論から言えばどちらを使っても間違いではないようです。ただ、常用漢字としては「寂しい」が用いられるため、本書ではそれを採用したいと思います。

したがって、本書では「孤独感」と「寂しい」という言葉をほぼ同じ意味で使わせていただきます。

第2章

孤独感、寂しさとの向き合い方

孤独感、寂しさと「自分とのつながり」

1章で見てきたように、私たちは人間関係のなかで孤独感を感じ、寂しさを覚えます。そうすると「人とのつながりが切れたから寂しさを感じる」と思いがちなのですが、実はそうではありません。

結論から言えば「自分とのつながりが切れたときに人は寂しさを感じ、孤独になる」のです。

少し意外な感じがするかと思いますので、詳しくお話ししていきましょう。

投影の法則

心理学でよく出てくる「投影の法則」を皆さんはご存じでしょうか？「外の世界に映し出されるものはすべて、自分の心のなかの感情」という意味です。

私の古い体験を一つご紹介しましょう。

社会人になったばかりの頃、横浜で新入社員研修を受けていました。ある休日、とても天気がよかったので同期の仲間たちと観光に出かけたのです。そして、ある公園に来たとき、隣にいたAくんが晴れ渡った空を眺めてこう言いました。「めっちゃ気持ちいい空だなー！　ほんまええ天気やなあ！」と。すると、その隣にいたBくんはAくんにつられるように空を眺めて「ええ、そうか？　確かに快晴だけどそんなに騒ぐことか？」と冷静な口調で答えていました。でも、私は同時にその空を見上げて「なんか寒々しくて寂しい空だな。冷たい青だよ」と思っていたのです。

3人がそれぞれ同じ空を同じ場所で見上げて、全然違う思いを感じています。

なぜ、違いが生まれるのでしょう？

それは「それぞれが青い空に自分の心を映し出しているから」なのです。

Aくんはとても気分爽快で楽しかったのでしょう。実際、観光している間、とてもテンションが高く、楽しそうでした。だから、その思いを空に投影し、彼は「気持ちいい空だ」

と感じたのです。一方、Bくんはふだんから感情をあまり出すことのない内向的なタイプ。たぶん、横浜観光もそれほど楽しくなかったのでしょう。だから、青い空を眺めても「特に何も感じない」という反応だったのかもしれません。そして、その頃の私は、1章で少し書いたのですが、親友を亡くしてまだ1か月くらいしか経っていない時期で、心のなかは寂しさや喪失感や悲しみでいっぱいでした。そんな思いを空に映し出したからこそ、「寂しく、冷たい空」に映ったのでしょう。

そんなふうに私たちは、自分の心の内にある思いを外の世界に投影して見ているのです。

例えば、「なんだか朝からイライラしている人によく出会うなあ。上司も1日機嫌が悪かったし、ランチで行ったお店のスタッフもなんかイライラしてた。帰りの駅では喧嘩してる人もいた。みんないらだってる時期なのかなあ？」なんて体験をされたのならば、もしかしたら、あなたの心のなかにイライラが溜まっている証拠かもしれません。

また、すごくいい映画を観て感動の涙を流したあと、映画館を出たら不思議と周りの景色が鮮やかにキラキラして見えた経験はありませんか？

その映画のおかげで心が癒され、気分がすっきりしたぶんだけ、外の世界が明るく、美しく見えるのです。

世界はあなた自身が創っている

ちょっと想像してみてください。

今週末、大好きな旅行にようやく行けると思ってください。あなたはとてもワクワクし、その日が待ち遠しくてなりません。自然とニコニコしながら日々を過ごしていることでしょう。そんなとき、上司から仕事の進め方に関する注意を受けました。あなたはそこで気分が凹《へこ》んでしまうでしょうか？

いいえ、ついニコニコして「はい！　すみません！」と返答するでしょう。

一方、あなたは恋人と喧嘩してすごく落ち込んだ気分で出社しました。そんなとき、やはり上司から仕事の進め方について注意を受けます。あなたはどんな気分になるでしょうか？　どんどん嫌な気分が増幅されていくのが想像できるでしょうか？

同じ「上司から注意を受ける」というシチュエーションでも、あなたの心の状態によって、全然気にならなかったり、余計嫌な気分になったりするんです。

これは一見、当たり前のことのように思えるのですが、とても重要な示唆があります。

つまり、実際に起きた出来事は同じでも、それを受け止める自分自身の心の状態によって、その受け止め方が全く変わるのです。

そもそも、外側の世界で起きていることは、よくも悪くもなく、ニュートラルな現象です。それを受け止める私たちの感情や価値観や考え方によって、起きていることが「よいこと」にも「悪いこと」にもなるのです。

例えば、2020年に世界中を襲った新型コロナウイルスによって、私たちの生活は大きな変化を強いられました。経営者の方々は、仕事のやり方を根本的に変えなければならなかったり、なかにはビジネスモデルを大きく変化させる必要に迫られた人もいます。

ある経営者は「最悪だよ。ほんとうに先が見えない。絶望的だ」と嘆いていました。そのような思いを抱いた方も少なくないと思います。

しかし、一方ではその状況を「チャンス」ととらえ、より成長すべく新しいチャレンジを仕掛けた経営者もいます。そんな彼らは「たいへんだけど、この危機をチャンスに変えることができた。事業を大きく転換させることができ、未来に希望を見出すことができた」とおっしゃっています。

その状況をどう受け止めるかは、自分自身で決めることができます。

つまり、それを問題として悩むか、チャンスとしてとらえるかは、自分自身にかかっているのです。

私は常々「すべての問題は自作自演」とクライアントさんたちに言っています。その状況を問題としてとらえるかどうかは、自分自身が決めているのです。

すなわち、少々大げさな表現を使えば「世界はあなたが創っている」と言えるのです。

「自分とのつながり」とは?

冒頭で、「自分とのつながりが切れたときに孤独感や寂しさを感じる」という話をしましたが、そもそも「自分とのつながり」とはどういう意味なのでしょうか？

「自分とのつながり」というのは、「自分の心（感情）と意識（思考）とのつながり」のことを言います。「自分が今どんな気分で、何を感じ、何を思っているのか？」ということを、きちんと意識で受け止めることができている状態を「自分とつながっている」と言います。最近よく耳にする「マインドフルネス」の状態と言ってもいいでしょう。

逆に、自分の気持ちが分からなくなったり、周りの状況に振り回されて自分よりも他者に意識が向いているときは、「自分とのつながりが切れている」と表現します。

もう少し詳しくお話しすると、私たちの心（いわゆる潜在意識と呼ばれる領域）は感情や感覚を感じるところなのですが、自分が今感じていることも意識（思考、頭）で認識しないと、自分はそれに気づくことはできないのです。

例えば、こんな経験はありませんか？　自分では全然イライラしているつもりはなかったのに、身近な人から「何か怒ってる？」って言われたこと。「え？　別に怒ってないよ。なんでそう思うの？」と聞いたら、「なんだか険《けわ》しい表情してるし、さっきから貧乏ゆすりしてるし、近寄りがたい雰囲気を出してるから」なんて言われて、ハッとしたこと。自分では意識していないけれど、心のなかはイライラしていたようで、態度に出ていたんですね。

また、こんな経験はありませんか？　職場で先輩から理不尽なことで注意されたあなた。そのときは反射的に「すみません！　気をつけます！」と謝ったのですが、しばらくしたら何かモヤモヤしてきて「なんでそんなことで私が謝らなきゃいけないのよ！」と思ったこと。先輩から理不尽なことを言われたときは、即座に「謝らなきゃ」と思ってしまったので、そのとき心が感じていた「え？　どういうこと？　なんで私が謝らなきゃいけないの？」という気持ちを無視してしまった（つながりを切ってしまった）わけです。それが、一人になったときに、自分の心とのつながりがもどってきて「なんか先輩ムカつく！」という気分になったのです。

つまり、自分の気持ちや心の状態にちゃんと意識を向けられている状態が「自分とつながっている」という状態で、そうでない状態が「自分とのつながりが切れている」ということです。

この「自分とつながっている状態」は、常に動き続ける自分の感情を受け入れている状態で、「自分」を軸にしています（つまり「自分軸」でいられている状態）。そのため、周りの人の言動に振り回されたり、依存したり、影響を受けたりしなくなります。つまり、自分とつながっていると安定的な気持ちでストレスなく過ごすことができるのです。

しかし、私たちは様々な人間関係のなかで生きていますから、どうしても周りからの影響を受ける場面が出てきます。そうすると先ほどの先輩からの理不尽な注意のように、自分の気持ちではなく、状況や相手の気持ちに意識が向いてしまうので、あとからしんどい思いをしなければならなくなるのです。

他人につながりを求めても寂しさは消えない

こうして見てくると、「自分とのつながりが切れたときに孤独感・寂しさを感じる」という理由も少し理解していただけたかもしれません。

自分とのつながりが切れると、それが周りに投影されます。

すると、他の人とのつながりも切れてしまったように見えるのです。

そして、自分が一人ぼっちで、取り残されたような気持ちになります。

それが「孤独感」と言えるもので、そのとき、人は「寂しい」と感じるのです。


でも、「寂しい」と感じたそのとき、私たちは「自分とのつながりが切れているから、寂しいんだ」とは思いません。

そうではなく、外の世界に理由を見つけようとし、「自分は誰ともつながりを感じられない。孤独だ」「誰も自分を分かってくれない」「私のことなんてみんなどうでもいいんだわ」といった思いを抱くようになるのです。

だから、その寂しさや孤独感を「人とのつながりを感じて癒したい」と思っています。

そうすると「誰かとつながりたい。誰かに側にいてほしい。誰かに話を聴いてほしい。誰かに受け止めてもらいたい」という欲求が出てくるようになります。

その欲求は他人に満たしてもらおうとするものです。

しかし、仮に誰かがあなたに手を差し伸べてくれて、話をゆっくり聴いてくれたとしても、そのときあなたが「自分の心とのつながり」を取り戻していなければ「寂しさ」は消えません。それこそ「話を聴いてもらったのに寂しさが消えない」と、ますます悩むことになるでしょう。

つまり、他の人があなたの話を聴いてくれたとしても、あなたが自分の心ではなく、他人に意識を向けていたとするならば、その寂しさは一向に消えないのです。しかし、その仕組みを理解していないと、ますます他人に何とかしてもらいたい気持ちが出てきて、どんどん自分とのつながりが切れてしまうようになります（つまり、本来寂しさを癒す方法とは逆方向にいってしまうんですね）。

そして「どうせ、私なんて一人ぼっちが似合うんだ。誰も私のことなんてどうでもいいんだ！」という世界を自ら創り上げることになるのです。

寂しさを癒すカギは、「自分とのつながりを取り戻すこと」ということが理解できたでしょうか？　具体的に自分とのつながりを取り戻す方法については4章以降で詳しくお話ししたいと思います。

寂しさを感じなかったら……!?

さて、寂しさや孤独感はとてもつらい感情なのですが、一方では「もし、寂しさを感じなければ誰も結婚しようとは思わない」とも言われたりします。

寂しさや孤独感は自分とのつながりが切れたときに感じるものですが、他者とのつながりを通じて、自分自身とつながり、そうして癒《い》えていくものでもあります。

つまり、寂しさは「誰かとのつながりを作り出すために必要な感情」なのです。

もし、あなたが寂しさを感じなかったとしたら、どんな日常になるのか想像してみてください。

一人ぼっちでも全然平気、誰ともしゃべらなくても、誰とも関わりを持たなくても大丈夫だとしたら、友達を作りたい、恋人と一緒に週末を過ごしたい、誰かにもっと自分のことを知ってほしい、受け入れてほしい、という気持ちは出てくるでしょうか？

きっと「人と関わるのは面倒だから一人でいい」と思うようになると思うのです。でも、みんながみんなそういう思いを持ってしまったら、世の中はどうなるでしょう？

誰もが、友達を作っておしゃべりを楽しんだり、仲間たちとパーティをしたり、恋人と甘い時間を過ごしたりすることに興味がなくなってしまったら？

もしかしたら人間は絶滅してしまうかもしれませんね。

つまり、私たちは寂しさや孤独感を嫌い、怖がる一方で、この感情があるからこそ、人との関係をよりよいものにしていきたいと望み、そのために努力することを厭《いと》わないのです。

それだけ寂しさという感情は、人の生活において必要不可欠なものと言えるのではないでしょうか。

寂しさのルーツ

心理的に寂しさのルーツを探っていくと、それは「へその緒が切れたとき」にいきつくと言われています。少し意外な感じがするでしょうか？

お母さんのお腹のなかにいるときは、何も心配はいりませんでした。温かいし、栄養は自動的に補給されるし、絶対的に守られている状態です。

ある意味、私たちにとって理想的な環境でした。

さて、そんな理想的なお母さんのお腹のなかにも長くはいられません。十月十日《とつきとおか》になれば外の世界に生まれ出ようとします。そして、困難な出産の過程を経て私たちはこの世に生まれてくるのですが、それまでお母さんとつながっていたへその緒が切られて、一人の独立した存在になります。そして、お母さんとのつながりが切れてしまった瞬間から「寂しさ」を感じ始めるというのです。

その後、赤ちゃんとしてお母さんや周りの人に世話をしてもらいながら成長していくのですが、「お母さんの姿が見えなくなると泣く」「ハイハイしながらお母さんを後追いする」時期がありますね。それもまた寂しさを感じてのことだと言われます（もちろん、寂しさだけでなく、不安や愛情も混じっていると思いますが）。

そうして私たちは常に「寂しさ」という感情と共に成長していくのです。

あなたの寂しさはどこから？

ちょっと子供時代を思い出してみてください。

ぬいぐるみをいつも抱いていた自分はいませんでしたか？　もしかしたらそのぬいぐるみは、お母さんの代わりに自分の寂しさを癒してくれる存在だったかもしれません。

また、一人になるのが嫌でいつも友達と一緒にいた子は、それくらい寂しがり屋だったのかもしれませんし、カギっ子だったならゲームや漫画でその寂しさを紛らわせてきたのかもしれません。

もちろん、当時は「寂しい」という感情をそのまま感じていたわけではないと思います。不安な気持ちや怖れもあったかもしれません。そうした思いを私たちは何かで埋める、ということをしてきました。

カウンセリングでお会いした方に、よく子供時代のお話を伺います。両親が不仲でいつも喧嘩ばかりしていて家に居場所がなかった、という方もいれば、両親が子供の頃に離婚して母子家庭となり、それ以来お母さんはいつも忙しく走り回っていた、という方もいます。

両親が喧嘩ばかりしているということは、子供から見れば大好きな人たちが常に争っているわけですから心は平穏ではありません。そうして両親がいがみ合っていれば、家のなかはいつも緊張感で張りつめています。そんな空気ってすごく寂しいと思いませんか？

両親の離婚は子供たちに寂しい思いを与えることになります。だって大好きな人が一人、日常からいなくなってしまうのですから。相応の理由があるので仕方のないことですが、寂しさとの付き合いは濃くなってしまうんですね。

「妹が生まれたとき、両親や周りの人の目が全部妹の方にいってしまって、すごく寂しい思いをした記憶があります」と語ってくれた方もいました。きょうだいの誕生はうれしい気持ちもある一方で、両親の愛情を独り占めできなくなることで寂しさを生みます。

また、子供時代に転校をくり返した経験があったり、塾で忙しくて友達と親密な関係が築けなかった方も、心の寂しさを抱えていて、つながりの作り方が分からない、という声も耳にします。

とはいえ、リアルに寂しさを感じるのは思春期以降と言えるでしょう。思春期に入ると「個別化」が始まります。

例えば、思春期までは男女の区別をあまり意識しなかったと思いますが、それ以降ははっきり性別を意識するようになります（もちろん、大人の体に変化し始めることも大きな要因です）。

そうして「自分と人は違う」ということを意識し始めると、そこで孤独を感じ、寂しさを覚えるようになります。

思春期で恋をしたときも、ときめきを感じる一方、片思いや失恋ですごく寂しい思いをしますよね。

学生時代、あるいは、社会人になって一人暮らしを始めたら、自由で気楽で解放感を覚える一方、一人で過ごす寂しさに直面された方もいらっしゃるでしょう。

そんなふうに私たちは、成長と共に場面は変われど、いつでも寂しさという感情と隣り合わせで生きてきました。大人になってもそうですね。

1章でお話ししたように、誰もが様々なケースで「寂しさ」と付き合って生きているのです。

寂しさはなくならない。上手に付き合っていこう

したがって、寂しさという感情を「なくす」とか「感じないようにする」ということを目標にするのは、かなり難しいものだと思います。生きている以上、必ず感じるものであ

り、かつ、必要不可欠な感情なのですから。

しかし、寂しさを感じても、対処法を知っていれば、振り回されることはなくなります。

3章で紹介するような寂しさゆえの問題にどっぷり漬かることも避けることができるでしょう。

もちろん、寂しさを感じたとしてもそれは恥ずかしいことではありません。

堂々と「私、すごく寂しがり屋だから」と胸を張って宣言していいのです。逆に、それを認めないでいる方が、様々な問題を引き寄せてしまいます。

皆さんは寂しさを感じたら、それを素直に認めることができますか？

そして、それを誰かに伝えることはできますか？

寂しさを癒すのは「愛」？

さて、これは本書の一番のテーマと言ってもいいのですが、皆さんは「誰かに話を聴いてもらって寂しさが癒された」という経験をしたことはありませんか？

例えば、失恋してすごく寂しかったときに、友達がただ話を聴いてくれたので、寂しさが消え、心が安心感で包まれた経験。あるいは、職場で居場所を感じられずに寂しかったとき、実家に戻ってお母さんが笑顔で出迎えてくれて、寂しさがふっと消えた経験。

そのときの友達やお母さんは、あなたに何を与えてくれたのでしょう？

ただ黙って話を聴いてくれたり、笑顔で「おかえりー」と言ってくれたりしたことで、あなたは何を受け取ったのだと思いますか？

そうですね。その人から「愛」を受け取り、それが寂しさを消してくれたのだと思います。

もし、自分が寂しいときに友達が話を聴くどころか自分の話ばかりしていたら、もし、つらくて実家に帰っても冷たい出迎えを受けたとしたら、余計に寂しさは募っていたかもしれません。

「愛」を感じ、それを受け取ったとき、私たちはその人との間に「つながり」を感じることができます。つまり「つながり」は「愛」でできているのです。だから、つながりを感じると私たちは安心し、居場所を感じ、心がほぐれ、素直になり、力が抜けるのです。

しかし、少し理屈っぽくなりますが、もう少し正確に心のなかを解説すると次のような話になります。

あなたが失恋をして寂しい思いをするのは、自分の心とのつながりが失恋によって切れてしまったからです。そして、「つながり」というのは「愛」でしたね。失恋というのは「もうその人を愛せないし、その人から愛されない」からすごくつらいんです。だから、恋人に向けられていた愛が終わってしまい、つながりが切れてしまったのが「失恋」なのです。

そんなとき、友達があなたの話を親身になって聴いてくれました。そのときあなたはその友達からの愛を受け取ったので、まず自分とのつながりを取り戻せます。そうするとそれまで感じていた寂しさが消え、あなたは安心し、その友達の存在に感謝します。「ありがとう」という思いをその友達に抱くことで、あなたは、今度はその友達とのつながりを感じるようになるのです。

これが瞬間的に起こるんですね。

つまり、寂しさを癒すのは「つながり」で、その「つながり」を作っているのが「愛」というわけです。

とすれば、もしあなたが寂しさを感じたときは愛とつながればいいのですね。

しかし、どうやら私たちは、時に真逆の方向に走ってしまうようです。それが孤独が生み出す問題へと続くのですが、次章ではその話をさせていただきたいと思います。

友達からの愛

↓

自分が受け取る

↓

その愛で自分との
つながりを取り戻す

↓

寂しさが癒え、
安心感を感じる

↓

友達に感謝の
思いを持つ

↓

友達との
つながりを感じる

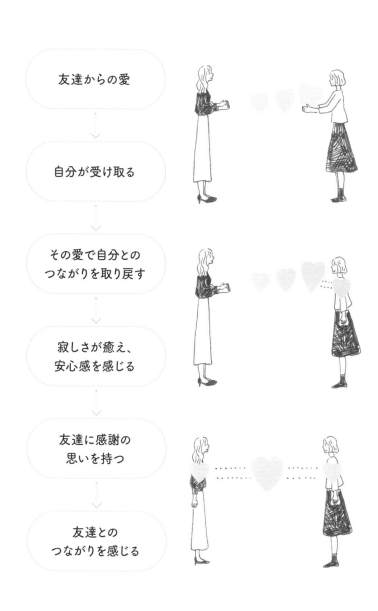

第3章

孤独から生まれる問題、孤独を生む問題

寂しさを抑圧しようとすると……

時に寂しさは「人を殺《あや》めたくなるほどの衝動をもたらす感情」と言われます。寂しさはつながりが切れたときに生まれる感情ですから、そのときは「一人ぼっち」であり「孤独」を感じています。そして、これから先もずーっと孤独だとしたら、人生に絶望を覚えるものです。その結果、自暴自棄になり他人や自分自身を傷つける衝動に駆られてしまうこともあり得るのです。

本書ではあまり扱いませんが、様々な事件や自死の問題の裏側にも「孤独」や「寂しさ」が隠れています。もし、自分が誰かを傷つけたら悲しむ人がいる、自分がいなくなったら寂しがる人がいる、ということを感じるのは「つながり」があるからです。それが切れてしまうと、事件を起こしたり、自死を選んでしまうのです。

それほど強い衝動をもたらす「寂しさ」ですから、人はその感情を怖れ、できるだけ直視しないようにします。寂しさを感じてしまったらおかしくなりそうだから、なるべく感じないようにするのです。

寂しさを感じないように抑圧する人がいます。

「一人でも平気だ、寂しくなんかない」と思い込み、寂しさから目をそらし、感じないようにします。感情を抑圧すると「麻痺《まひ》」が起こります。寂しさは心のなかに溜まっていき、抑圧することにエネルギーを使うようになり、無気力になったり鬱々《うつうつ》とした気分で過ごすことが増えていきます（この麻痺や感情による抑圧は寂しさだけに起きるものではなく、あらゆる感情に対して起こります）。

また、寂しさを感じることがつらいし、苦痛だし、嫌なので、寂しさを何かでごまかそうとする人がいます。寂しさよりも強い刺激を自分に与えることによって、寂しさから目を背《そむ》けるのです。これもまた、目を背けたとしても寂しさがなくなるわけではありません。それどころか、やはり心のなかに寂しさはどんどん溜まっていきますから、さらに強い刺激が必要になり、依存症のような状態になるのです。

この章では、寂しさと向き合えなかった場合に起こり得るリスクについてお話ししていきたいと思います。

孤独が生み出す依存症の問題

そもそも感情とは、それを認め、感じてあげることで、解消されるものです。

例えば、心のなかに溜まったモヤモヤした気持ちを友達に聴いてもらってすっきりするのは、話すことによってその感情を感じることができ、モヤモヤが心のなかから解放されるからです。

しかし、寂しさを抑圧したり、何か別の刺激でごまかしたりすることは、その感情を解放するのではなく、どんどん心のなかに増やしていく行為になってしまいます。

そうすると、先ほどお話ししたように、溜まったぶんだけより強い力で抑え込んだり、あるいは、より強い刺激を自分に与えなければならなくなります。そして、抑圧する力が増していくほど無気力になって動けなくなり、また、強い刺激を与え続けるほど依存症のような状況になりやすくなるのです。

もちろん、これから紹介する数々の問題は必ずしも「寂しさ」だけが原因で起こるものではありません。不安や怖れ、罪悪感等の感情も混じり合っていることが多いものです。

SNSへの依存

「なんの目的もないのですが、気がつけばSNSを開いてずーっと見ちゃうんですよね」とおっしゃる方に、近年はよくお会いします。SNSでつながっている友人たちの様子を見ていると、「一人じゃない」ということが感じられて寂しさが少し紛れるんですね。特にコメントを残さなくても会話しているような感覚になれるものです。

また、「『寂しいなー』と思ったとき、思いつく人全員に『げんきー?』みたいな意味のないラインを送るんです」という方もいらっしゃいました。返事があればつながりを感じられますが、ないとますます寂しさが募っていきます。分かっていてもそんな行動が止められなくなるのです。

食べることへの依存

心理学の観点から見ると、「口」は「愛情を受け取る器官」と言われています。だから、寂しくて誰かの愛情に飢えているときに何かを食べたり、飲んだりすると、まるで「愛を受け取った」ような感覚になって、少しだけ寂しさが紛れます。また、お腹がいっぱいになると幸せを感じるので、やはり寂しさを感じなくなります。

つまり、ふとした拍子に「何かを食べると寂しさが紛れる」という体験をすると、「寂しいときは何かを食べる」習慣がついてしまうのですね。そして、その寂しさが大きければ大きいほど、いわゆる「過食」の状態になってしまいます。

私の元にも「自分は過食症かもしれない」という疑いを持った方がカウンセリングにいらっしゃいます。親に愛された記憶があまりなかった方や、恋人との別れのつらさから過食に走ってしまったり……というケースが多いように見受けられます。

過食に走るのは思春期から20代の女性に多いと言われますが、その時期は「子供から大人」への移行期であり、それゆえ家族から離れ自立していく時期でもあります。そのため、より寂しさを感じやすいのではないかと考えています。

もちろん、恋愛に対する情熱も非常に強い時期ですので、ちょっとした愛情のすれ違いや失恋が想像以上に大きなダメージとなります。自分では扱いきれないような寂しさに襲われた結果、過食に走ってしまうのかもしれません。

ただ、同じことは年齢や性別を問わず、起こり得ます。離婚して一人になった女性が、夜になると途方もなく寂しくなり、体や美容によくないと分かっているのに、寝る前にチョコレートやクッキーを食べることが習慣になってしまった、と教えてくださいました。一人で眠る寂しさを、甘いお菓子が少し癒してくれていたのでしょう。

アルコールへの依存

孤独感や寂しさを紛らわせる方法としてパッと浮かぶのが、「アルコール」ではないでしょうか。

酔っぱらって頭がぼーっとして何も考えられなくなったり、気が大きくなったり、楽しく明るい気分になったりして、寂しさを忘れられます。これはアルコールの刺激によって寂しさを紛らわそうとする行為です。確かにその瞬間は忘れられますが、寂しさそのものが解消されるわけではありません。翌朝目が覚めてみれば再び寂しさが襲ってきますし、お酒をたくさん飲んでしまった罪悪感が新たに出てきたり、お酒が残っていて気分が悪かったりするでしょう。


でも、「お酒を飲んでいるその瞬間だけは寂しさから逃れられる」と思えば、またアルコールを求めてしまうのです。

そして、当然ながら私たちの心身は刺激に慣れていきます。今までなら十分寂しさを紛らわせることができた量では満足できなくなり、どんどん酒量が増えていき、やがて依存症になってしまうのです。

仕事への依存――ワーカホリック

寂しさを紛らわせるために、中毒のように働いてばかりいる人もいます。平日も遅くまで働き、土日もなく常に仕事をしているようなタイプです。職場にはちゃんと自分の席があり、やるべき仕事があり、必要とされている感覚が味わえます。そうすると仕事をし続けることで、心のなかにある寂しさを紛らわせることができるのです。

そもそも、仕事はそれ自体が刺激に満ちています。仕事がうまくいけば大きな喜びと達成感、さらには報酬まで手に入るからです。

しかし、どれだけ仕事で成功を収めたとしても、心のなかに寂しさを抱えた人は意外とたくさんいます。

ある経営者の男性は、土日の休みもなく働き詰めでしたが、あるとき、燃え尽きてしまって何もやる気が起きなくなってしまいました。彼は、子供の頃からずっと寂しさを抱えていて、常に勉強や仕事で認められることで自分を慰めていましたが、どれだけ成果を上げても心が安らぐことはなく、走り続けるしかなかったのです。

恋愛とセックスへの依存

女性に多いのが、恋愛とセックスへの依存です。男性から求められることで自分の存在価値を感じ、寂しさが紛れるので、常に誰かと恋をしていたり、あるいは、常に誰かと体を重ねることで自分が必要とされ、役に立っていると感じることができるのです。

そうすることでしか自分の存在価値を感じられないと、どんどんのめり込んでしまうのです。

買い物への依存と片付けられない女

皆さんの部屋は、きれいに保たれていますか？

そんな質問をされるとドキッとする人もいるかもしれませんが、「部屋」というのは「自分の心の状態を映し出す鏡」と言われています。

心の寂しさや孤独感を「モノ」で埋めようとする心理もあります。部屋にモノがあふれていることで安心感を覚えるのです。そうするとモノが捨てられなくなり、クローゼットからあふれるほどに服を買い込んだり、もう使わなくなったモノもそのまま放置されるようになります。そこであるとき、思い切って片付けをします。そうすると片付いてすっきりした部屋に途端に不安を感じ、再びモノが増え始めるのです。

同様の目的で買い物に依存してしまうケースもあります。「買うこと」、「手に入れること」、そして、「モノが部屋にあること」で寂しさが紛れるので、買った商品そのものにはあまり興味がないのです。

占いやカウンセリングへの依存

寂しい毎日がつらくて、占いやカウンセリングを利用する人もいます。相談している時間は、相手が自分の話だけを聞いてくれるし、自分のことについて相手がたくさん話してくれます。寂しさを紛らわすためにそれらのサービスを利用してしまうのです。

寂しさを紛らわせることが目的なので、占い師やカウンセラーが言ってくれる内容はあまり重要ではありません。だから、日常に何も変化が生まれません。

また、同様の理由でホストクラブにハマってしまったり、男性なら風俗やキャバクラ等に入れ込んでしまう人も少なくありません。

誰かがいて、その人が自分のことを見てくれていて、自分を受け入れてくれるような気がすると、どんどんそこに依存してしまうのです。

浮気をくり返してしまう

夫婦関係や恋人との関係がうまくいっておらず寂しい思いをしているとき、誰かが優しく受け入れてくれたら、たちまちその人に恋をしてしまっても不思議ではありません。

しかし、寂しさを紛らわせてくれたとしても、それは一瞬のこと。そうするとまた、次の人を求めるようになってしまうのです。しかし、配偶者や本命の恋人と別れる気はあまりありません。なぜならば、本当はその人との関係がよくなることを心のなかでは望んでいるし、その人のことをまだどこかで愛しているからです。

関係改善の道が見えなければ、その寂しさから逃れるように浮気をくり返すようになるのです。当然ながらそこには寂しさだけでなく、罪悪感もつきまといますから、ますます彼と向き合えなくなって、さらに別の誰かを求めてしまう悪循環が生まれるのです。

依存がやめられないのはなぜ？

様々な依存のケースを紹介してきましたが、なぜ、それがやめられないのでしょうか？

それはほんとうの問題と向き合う勇気（すなわち、寂しさと正面から向き合う勇気）がなかなか出てこないからです。

寂しさや孤独感から逃れるために、アルコールや仕事、恋愛、占い等に走ってしまうのは、いわば「歯が痛いときに歯医者に行って治療するのではなく、痛み止めの薬を飲んで痛みを紛らわせている」ようなもの。

そのときは痛みは去っても、虫歯はなくなっていないので、再び痛みが襲ってきます。そこでまた痛み止めの薬を飲むと、だんだん体には耐性ができ、一錠では効かなくなり、何錠も飲まなければいけなくなります。

「このままではダメだ」と思いつつも、歯医者に行く勇気が出なくて、強い痛み止めの薬をどんどん飲んでしまう気持ちは、皆さんも分からなくはないと思います。

そうして、気がつけばいつのまにか薬に依存するようになってしまうのです。

ただ、歯が痛いときは「歯医者さんに診てもらえばいい」ということを私たちは知っています。

しかし、寂しさや孤独感にさいなまれているときは、誰に助けを求めていいのかを私たちは知らないのかもしれません。子供の頃から寂しい思いを抱えてきた方なら、もう「寂しさを癒す」という発想そのものを持たなくなっているかもしれません。

そんなときに、少しでも寂しさを紛らわせてくれる「痛み止めの薬」に出会ったとしたら、それに執着してしまうのは無理もないと思いませんか?

そして、「寂しさを紛らわせられるのはコレしかない」と思い込むようになってしまうんです。

そもそも「依存症」というのは心理学の視点から見れば「その対象にしか依存できない状態」です。そのほかのものに対しては自立的に振る舞っていることが多いのです。つまり、アルコールに依存している人というのは、「アルコールにしか依存できない人」です。仕事などの社会生活のなかでは「いい人」を演じていたり、「仕事ができる人」だったりします。そのため、周囲には依存症を患《わずら》っているようには、まったく見せないのです。

言い換えれば、「アルコール以外のものに頼れない」からアルコール依存症になってしまうのですね。

「アルコールが自分を救ってくれている」ように感じ、時には「アルコールだけが自分の友達で、アルコールだけが自分を受け入れてくれる存在」のように思えてきます。

でも、家族や周りの人が知ったら、それを止めようとしますよね？　体にもよくないし、周りにも迷惑をかけますから。ところが、そのとき当の本人は「アルコールしか自分の味方はいない」と思っているので、自分に忠告してくれる家族よりも、アルコールを選んでしまうんですね。そうすると、それまでその人のことを親身に思ってくれていた人は、彼から離れていきます。そうするとますます孤独が深まります。そしてさらにアルコールに依存するようになるのです。

もちろん、これはアルコールに限らず、ほかの依存症についても同じことが言えます。つまり「アルコールにしか頼れない」、言い換えれば「アルコールでしか寂しさを紛らわせられない」という思い込みが、依存症をさらに強めてしまうのです。

不信感が孤独を作る

何らかの事情で、人を信じられなくなったことはありませんか？

そのとき、ものすごい孤独感や寂しさを感じませんでしたか？

あなたはそのときどうしましたか？

誰かに救いを求めることができたでしょうか？

それとも一人でその寂しさを抱えていたのでしょうか？

例えば、「信じていた人に裏切られた」とか、「いじめにあった」とか、「理不尽な扱いや差別を受けた」というとき、人は他人に対して不信感を持つようになります。「気を許したら傷つくから、安易に心を開いてはいけないし、相手の言動を信じてはいけない」と思うようになるでしょう。


心を閉ざしてしまえば他人から傷つけられることはなくなるかもしれないけれど、同時につながりを持つこともできなくなりますから、その孤独のなかで寂しさを感じ続けることになります。

しかし、寂しさを持ち続けることは苦しいので、何とか誰かとつながってそれを癒したいと願います。が、そこで「また傷つくのではないか？　また裏切られるのではないか？」という怖れが出てきてしまいますね。

もちろん、こうした心境になってしまえば、ずっと家のなかに引きこもっているしかなくなるでしょう。しかし、多くの人はそうした思いを心のなかに封じ込め、笑顔の仮面をかぶって社会のなかで生きています。愛想よく振る舞い、如才ない態度を取り、ほどほどに人と付き合うのです。

しかし、もちろん心は閉ざしたままですから、人とのつながりを感じることはありません。家に帰ればその仮面をゆっくり外し、今日も誰かに傷つけられることなく1日が終わったことにホッとするのです。

いつも楽しそうに見える人も、そのうちの何パーセントかはここで紹介したように、笑顔の仮面をかぶった寂しい人なのかもしれません。

心のドーナツ化現象

また、私が「心のドーナツ化現象」と呼んでいる問題も、そこから生まれてきます。
「いつもたくさんの友達や仲間に囲まれて楽しそうだよね！」と言われている人がいます。

でも、当の本人に話を聴くと「いやいや、でも、ほんとうに友達と言える人って誰もいないんだよね」という答えが返ってくることがあります。誰とでもうまく付き合い、人気者である一方で、ほんとうに信頼できる人、甘えられる人が誰もいないんです。

それってすごく寂しいですよね。そういう人は心理的な距離が少し離れたところにはたくさん人がいるのに、すぐ近くには誰もいないのです。その状態を「心のドーナツ化現象」と呼ぶことにしたんです。想像してもらえば分かると思うのですが、これってすごく寂しいんです。孤独なんです。でも、周りから見れば、いつも人に囲まれて楽しそうにしているのですから、まさかその人が孤独で寂しいなんて誰も気づきません。

そして、そんな自分の孤独に気づいてもらえないこともまた、寂しいことなのです。

親密感への怖れ

「心のドーナツ化現象」のパートナーシップ版とも言えるケースがあります。

パートナーシップのカウンセリングをしていると、この「親密感への怖れ」という問題

がよく出てきます。好きな人と親密な関係を築きたいのに、距離を縮めることが怖くなって逃げ出してしまうこともあります。

孤独感が強いとそれを紛らわせるために異性に依存してしまうことがある一方で、逆に不信感や罪悪感、無価値感（自分やものを過小評価し否定的になる状態）等から壁を作り、異性に「絶対心を許さないぞ！」という態度を取ってしまう場合もあるのです。

もちろん、そうなるにはそうなるだけの痛みを心に抱えています。かつての恋愛でひどく傷ついた経験はもちろん影響していますが、幼少期の家族との問題や性的トラウマ、さらには学校でのいじめ等のつらい記憶が影を落としているケースも少なくありません。

親密な関係を築きたいのに、それが怖くてできないと、そこには途方もない寂しさが募るものなのです。

自分を傷つける衝動的な行動

誰ともつながりを感じられない孤独のなかにいると、「自分なんていなくたって誰も困らない」という思いが心を占めるようになっていきます。その寂しさを紛らわせるために何かに依存しても、一時的な効果はあるとしてもより寂しさが強調されるのであれば、虚しさや絶望を感じてしまうでしょう。

そうすると、人は自分を傷つける行動に出やすいものです。

周りから止められてもアルコールをやめられずに心身を壊していくのもその一つですし、絶望的な孤独から自死を企図するのもその一つです。

そこまでいかなくても、寂しさから自分を傷つける衝動に駆られてしまうことも多いものです。

ある人は「夜、あえて人通りの少ない道を歩くようにしていました。誰かに傷つけられることを望んでいたんです」と告白してくれました。「今から思えばぞっとしますが、当時の私は恋愛も仕事も全くうまくいかず、友達とも喧嘩別れして自暴自棄になっていたんだと思います。けれど、自死するほどの勇気もないので、そんな危険なことをしていたんだと思います」と語ってくれました。

さらに、自分なんてどうなってもいい、という思いから犯罪に手を染めることも珍しくないものです。例えば、孤独にさいなまれているときに幸せそうな人たちを見ると勝手に恨み（嫉妬）を抱き、その幸せを壊したくなってしまったり、悪い人たちの仲間になって危険な仕事を請け負ったりしてしまうのです。

習慣化する孤独

寂しいのは嫌。孤独でいることがつらい。だから「誰か」を求めたくなるというのは誰にでも起こる心理です。しかし、そうした「孤独」が習慣化すると、自分では望んでいないつもりなのに、気がつけばいつも一人になってしまう、という問題が生まれるのです。

私たちの潜在意識は変化をあまり望まずに、安定を好む傾向があります。つまり、その状態をなるべく維持しようと努めるのです。

ただ、これはあらゆる問題に言えることで「孤独」に限ったことではありません。

「癖を直す」ということが、思ったよりも難しいということを皆さんも体験されたことがあると思います。

　似たようなことが心のなかでもよく起きているのです。

「孤独」であることは寂しくて、つらいのだけど、それに慣れてしまうと「孤独で寂しいことがふつう」になります。そして、それを何とか変えたいと思っても、潜在意識はその習慣化された状態をキープしようとするのです。

　そんな状態が嫌で頑張って恋人を作り、一緒にいる時間を作って寂しくならないようにしようとしたとします。しかし、「孤独」に慣れている自分は誰かと一緒にいることに違和感を覚え始め、やがて、それが苦痛に感じるようになってしまいます。それで家に帰って再び孤独な状態を作り出すと、もちろん寂しい気持ちがある一方で、どこかホッとしている自分がいます。

　孤独がつらくて、孤独から解放されたくて、恋人の元に行こうと思うのに、誰かと一緒にいることに違和感を覚えて孤独に戻ってしまうのです。なぜか、自分を孤独な状態に導いてしまうのです。

第4章

孤独から
踏み出す一歩

自分の感情を見つめ続ける

本章では、そんな「孤独」の世界からどうしたら抜け出すことができるのか？を、段階を追って考えていきたいと思います。

「孤独感や寂しさは自分とのつながりが切れたときに感じるもの」という性質を考えれば、ゴールは「自分とのつながりを取り戻す」ということになります。

では、どうしたら自分とのつながりを取り戻せるのか？についてお話しさせていただきます。

「内観《ないかん》」という言葉を聞いたことがあるでしょうか？
「自分の内側（心）と向き合い、見つめること」という意味なのですが、忙しく、また様々な情報の渦のなかで生きている現代人は、意外とこれが難しいものなのです。

この1週間を振り返ってみてください。

自分自身の心、気持ちと向き合う時間はどれくらいあったでしょうか？

ふだんから意識してそういう時間を作っている方でないと「自分の心と向き合うってどういうこと？　どうやるの？」と思われるかもしれません。


自分の心と向き合う「内観」には様々な方法があります。ネットを検索してみるとほんとうにたくさんの方法が紹介されています。「自分の心と向き合う」というのは「自分の感情をただ見つめる」ということです。「瞑想《めいそう》」を思い浮かべる方も多いでしょう。

多くの成功者が「瞑想」を日常に取り入れていることは皆さんもご存じかと思いますが、その瞑想法もほんとうにたくさんの種類がありますよね。

内観を目的とした瞑想も数多くありますので、自分に合う方法を探してみるのもおすすめです。


そこで、私がおすすめしている内観の方法をご紹介したいと思います。

「心の日記」をつけよう

それは「心の日記」というものです。

自分が今、何を感じ、何を思い、何を考えているのかをノートに書いていくのです（スマホやパソコンでもいいですが、可能ならノートに手書きしましょう）。

「書く」という行為は、心や頭のなかにあるものを「可視化」してくれます。それにより自分の思いを客観的に見つめることができるようになります。

また、自分が感じていることを書くためには、その思いを言語化する必要があるのですが、もし、うまく言葉にできないならば、絵や図、落書きで表現しても構いません。「なぜか分からないけどモヤモヤする！」というときは、その気持ちをぐるぐる円を描きながら表現してみてもいいでしょう（だから手書きをおすすめしています）。

強い感情は大きな字、あるいは、強い筆圧で書いてみます。

郵 便 は が き

料金受取人払郵便

神田局承認

5642

差出有効期間
2021年10月
31日まで

101－8791

509

東京都千代田区神田神保町 3-7-1
ニュー九段ビル

清流出版株式会社 行

フリガナ		性	別	年齢
お名前		1. 男	2. 女	歳
ご住所	〒 TEL			
Eメール アドレス				
お務め先 または 学校名				
職種 または 専門分野				
購読されている 新聞・雑誌				

※データは、小社用以外の目的に使用することはありません。

ふと感じる寂しさ、孤独感を癒す本

ご記入・ご送付頂ければ幸いに存じます。　初版2021・5　**愛読者カード**

❶本書の発売を次の何でお知りになりましたか。

1 新聞広告（紙名　　　　　　　　　　）2 雑誌広告（誌名　　　　　　　　　　）

3 書評、新刊紹介（掲載紙誌名　　　　　　　　　　）

4 書店の店頭で　　5 先生や知人のすすめ　　6 図書館

7 その他（　　　　　　　　　　）

❷お買上げ日・書店名

年　　月　　日　　市区町村　　　　書店

❸本書に対するご意見・ご感想をお聞かせください。

❹「こんな本がほしい」「こんな本なら絶対買う」というものがあれば

❺いただいた ご意見・ご感想を新聞・雑誌広告や小社ホームページ上で

（1）掲載してもよい　　（2）掲載は困る　　（3）匿名ならよい

ご愛読・ご記入ありがとうございます。

Today ...

ささやきのようなかすかな思いは、細く、小さい字で書いてみます。

慣れるまではちょっと難しく感じるかもしれませんが、慣れてくるとまるで心のなかの様子がノート一面に表現されているように感じられます。

また、絵やイラストが描ける方は、「心の絵日記」をおすすめしています。今日の気分を絵で表現してみるんです。抽象画でも、自画像でもいいです。絵は言葉にできない繊細な感情まで表現できるので、あとから振り返ったときに自分の心の動きが非常に分かりやすくなります。

この「心の日記」は、1日の終わりに30分程度時間を確保して書いてみるといいでしょう。寂しさを感じるのならば、ノート1ページすべてを「寂しい」という文字で埋め尽くしてもいいですし、途中で悲しくなってきたら「悲しい」という文字に切り替えてもいいです。とにかく、書き方は自由です。誰かに見せるものではないので、安心して取り組んでいただけたらと思います。

こうした「心の日記」（もしくは絵日記）をつけるのは、自分の心を俯瞰《ふかん》する習慣をつける以外に、もう一つ目的があります。
それは「自分の心に寄り添う」ということ。

「自分が自分の一番の味方になってあげる」ということを、私はブログやセミナーでよくお伝えしています。皆さんは「自分が自分の一番の敵」になることはありませんか？

「心の日記」を書いていると、ネガティブな言葉が連続して出てくることがあります。そんな自分に嫌気がさしたり、否定したくなったりするかもしれません。けれど、そこで「そっかあ、今、自分はそんな気分なんだな」と受け入れ、寄り添ってあげるのです。
そのときに大事なのが、「大切な友達がそんな気分でいたら、あなたはなんて言ってあげる？」というところに意識を置くことです。

「自分が自分の一番の味方になってあげる」ということは「自分自身を大切な友達のように扱う」という意味でもあります。

自分だったら「そんな弱音なんか吐くなよ！　もっと頑張れよ！　何ふざけたこと言ってるんだよ！」と罵倒《ばとう》したくなるところですが、それが大切な友達なら「つらいよなあ。しんどいなあ。そんななかでもあなたはよく頑張ってると思うよ」と優しい言葉をかけてあげられると思うのです。

こうして、自分の心をノートに書き出し、俯瞰して見つめ、その気持ちをただ受け入れてあげることができると、あなたの心は何を感じるでしょう？

不思議とホッとして、安心しているのではないでしょうか？

場合によっては、脱力して睡魔が襲ってくることもありますし、体がふわっと軽くなって動きやすくなっていることに気づくかもしれません。実は、この「自分の感情を見つめる」ということ自体が、「自分の心とのつながり」を取り戻す方法なのです。たとえ寂しさが完全に解消されていなくても、それを受け入れてくれる人（＝自分）がいる、ということが体感できるだけで、心は安心するのです。


こうした「心の日記」を書くことが習慣づけられると、それを書いていない時間にも効果を発揮するようになります。

自分の心を見つめ、受け入れることに慣れてくるので、恋人から連絡がこなくて寂しく思っているときも「寂しいよね、なんで連絡くれないんだろうね？」と自分自身に優しく寄り添えるようになっているのです。

ただ、そうは言っても「どうしても受け入れられない」とか「分かっているけど、その感情を感じたくない」ということもあろうかと思います。そういうときは「金魚すくい」を思い出してください。金魚をすくうときに使うポイのようなものをあなたは持っていて、金魚をそっとすくいあげるように、自分の気持ちをすくいあげてみてください。そうすると受け入れることに抵抗がある感情も、少しずつすくえるようになります。

また、この「心の日記」は、書いているうちにどんどん気分が落ち込んでいく場合もあります。寂しさがどんどん募ったり、自己嫌悪が強まったり……。それでも、できれば少しでも気分が軽くなるまでノートに気持ちを書き続けてみてください。いわば「溜まった宿便を出しているんだ」と思いながら、少しでも楽になるところを目指して書き進めていきます。そうすると何かの拍子にふと心が軽くなる瞬間に出会えるようになります。

自分にとって大切なものを、当たり前に大切にする

私たちはつい、大切なものを粗末にしてしまう癖があります。例えば、自分が愛する人に対してつい冷たい態度を取ってしまったり、自分を慕ってくれる身近な人を攻撃してしまったり、連絡を無視してしまったり……。

それは一種の「甘え」なのですが、それが相手に伝わらず、その関係性を時には壊してしまい、孤独感や寂しさを募らせる原因にもなります。

また、寂しさや孤独感から自分を傷つけたい気持ちになることはありませんか？　そうすると、まず、自分にとって大切なものを傷つけようとしてしまうのです。

だからこそ、「大切なものを当たり前に大切にする意識」は、寂しさや孤独感から自分を救う手立てでもあるのです。

大切なものを当たり前に大切にできない大きな理由は、自己破壊的とも言える「自己嫌

悪」という感情のせいです。自分のことを嫌悪し、否定しているぶんだけ、それを周りの人に投影します。そして、その投影は身近な人にこそ強く出るので、自分を大切にできていないぶんだけ、身近な人を大切にできなくなってしまうのです。

自己嫌悪の強さから大切な人を攻撃してしまうのは、深層心理では「分かってほしい」という気持ちからです（それが「甘え」になるのですが）。

自分がこれだけ自分のことを嫌悪していること、自分がそれだけ苦しんでいることを大切な人に分かってほしいので、つい、自分に対するのと同じ攻撃性を彼らに向けてしまうのです。

そんな気持ちも分からなくはないのですが、なかなか相手にその真意は伝わりません（そもそも自分でもその真意に気づいていません）。そのため、人間関係にヒビが入り、自らを孤独な状況へ導く結果になってしまうことも少なくないでしょう。

だから、「大切なものを、当たり前に大切にしよう」と思ったら、まずは自分自身を大切にすることを学ぶ必要があります。そもそも、自分にとって最も大事な人は、自分自身にほかならないわけですから。

「大切なものを当たり前に大切にする＝自分自身をまず大切にする」という意識をもって行動することで、自分の心ともつながりを回復し、周りの人との関係も、より強固なものへと発展させることができます。

そこで、あなたが今、〈自分にとって大切なもの〉を、ノートに書き出してみてください。

例えば、〈人〉ならば、お父さん、お母さん、お姉ちゃん、おばあちゃん、職場のA先輩、Bちゃん、Cさん、上司のDさん、友達のEちゃん、Fくん、Gさん、ヨガのH先生、等々、具体的な名前を書き出します。でも、忘れてはいけないのは「私」ですね。

一方、〈モノ〉ならば、クローゼットのなかのお気に入りの服やアクセサリー、靴、メイク道具、カバン、部屋の観葉植物、食器類、ベッド、ドレッサー、お金、本、スマホ等々。

〈人〉や〈モノ〉ではありませんが、〈時間〉、〈健康〉もありますね。

〈大切なもの〉を大切だと意識するだけでも、気分は変わります。

〈大切なもの〉が自分にはこれだけたくさんあることを知るだけで、少し豊かな気持ちになりませんか？

そして、書き出した〈人〉や〈モノ〉をできる範囲で自分なりに大切にしようと心がけてみてください。「一期一会」という言葉がありますが、〈人〉と会うときはその人とのご縁に感謝し、〈モノ〉についても、自分の元へやってきてくれたことに感謝してみます。でも、完璧にやろうとすると疲れてしまいますから、まずは「特に大事な〈人〉・〈モノ〉」に意識を向けてみるといいでしょう。

大切なものを大切にしようとする意識は、寂しさや孤独感からあなたを救い出してくれるようになります。

寂しさを癒すエクササイズ

ここでは寂しさを癒すための、毎日できる「自分とつながる方法」をご紹介していきたいと思います。なお、5章で紹介する「自己充足の方法」も同じ目的で使えますので、そちらも参照してください。

【エクササイズ】

①今日1日を振り返り、感謝の気持ちを贈る

「感謝」というのは、自分から大切な人とのつながりを作る一番シンプルかつ有効な手段だと考えられています。私もあらゆるところで提案している方法です。今回は特に、孤独感や寂しさを癒す二つのアプローチを紹介したいと思います。

夜、布団に入って眠るときに今日1日を振り返り、出会った人たち一人ひとりを思い浮かべて「ありがとう」という気持ちを贈ります。夜眠るときに「羊が1匹、羊が2匹……」と数えるといいと言われているでしょう？　それと同じような感覚でやってみるんですね。

できれば「〇〇してくれてありがとう」というふうに具体的にした方が、飽きずに続けられます。

深い呼吸でこれを実践してみると、徐々に心が温かくなってくるのが分かると思い

ます。つまり、「感謝」の気持ちを贈ることで、心は人とのつながりを感じ始めているわけです。

そして、これを試してくれたクライアントさんたちからは、「眠りがとても深くなった」「朝起きたときに、とても気分がいい」「嫌な夢を見ることがなくなった」という報告をいただいています。

ただ、あまりに思考を働かせて今日1日を振り返ってしまうと、かえって眠気がなくなってしまったりしますから、「今日誰と会ったかなあ？」というくらいに軽くとらえてみるといいでしょう。

②大切な人に「感謝の手紙」を書いてみる

さらに、より深く人とのつながりを感じるために「感謝の手紙」を書くことをよく提案しています。まず、1日1通を目安に、あなたにとって大切な人に「ありがとう」

をしたためた手紙を書きます。

　便せんと封筒もちゃんとお気に入りのものを選んでみてください。

　そして、その人に対して今、伝えたい感謝の思いを自由に書きます。徐々に感謝の気持ちで胸がいっぱいになって、時には涙が流れることがあるかもしれません。そういう思いになったとき、あなたの心は寂しさや孤独感を感じていません。ただ、「つながり」という愛を感じているはずです。

　もちろん、この手紙は実際に本人に渡してもいいのですが、渡さなくても構いません。相手に読まれると思うと気を遣ってしまう方は、はじめから出さない手紙とした方がいいでしょう。両親やパートナー等、心理的距離も近い人に手紙を書くときはとても1日では書き切れないと思うので、何日かけても構いません。ただ、きちんと区切りをつけるために、その日書き始めたものはその日のうちにきちんと締めの言葉で一度終わらせるようにしてください。

　この感謝の手紙を書くことは、つながりを感じ、愛を実感するよいレッスンになるだけでなく、その人との間のわだかまりを解消したり、1日の区切りとして気分転換にもなります。また、罪悪感や不安や怖れ等の、ネガティブな感情を癒す効果もあります。

この「感謝の手紙」レッスンを続けてくれた方のなかには、孤独感や寂しさを感じにくくなったという報告のほか、「母親との関係が劇的に変わった」「夫婦関係が以前よりずっとよくなった」「毎日気持ちが明るくなって生きやすくなった」という声や、なぜか、肩の痛みや腰痛、片頭痛等が解消されたという話も聞きます。感謝のエネルギーは、身体的な痛みも取り去る効果があるようです。

この「感謝の手紙」は、1日1通を基本に、できれば3週間ほどは続けられるとよいです。そうすると習慣化され、それ以降は毎日取り組まなくても効果を持続させることができます。日常が変わり始めるので、よりモチベーションも上がります。

また、手紙の長さはその日によって、長くても短くても構いません。便せんで、とご案内しましたが、ハガキサイズでももちろん構いません。感謝の気持ちとつながって、寂しさを癒す方法を習慣化させることが目的なので、自分が続けやすい方法を見つける方が大事です。

③愛を受け取るレッスン

「つながりを感じること」で孤独感や寂しさが癒されます。自分からつながりを築くことが大切なのですが、ここではあえて、その逆の方法も一つご紹介してみたいと思います。

それは「愛を受け取る」というレッスンです。

今までの人生を振り返り、「あなたのことを愛してくれた人」と言えば、誰でしょうか？

ただ、ここで言う「愛してくれた人」とは、家族や恋人のように関係が深く、ただあなただけを見て愛情深く接してくれた人だけを指すのではありません。

あなたの話をいつも聴いてくれた学生時代の友達。

遠方に住んでいるけど、いつも自分のことを気にかけてくれた親せきのおばさん。

遊びに行くと何かと世話を焼いてくれたおじいちゃん、おばあちゃん。

顔を見ると「お！　元気にしてるか？」と声をかけてくれた近所のおじさん。

両親の不仲をいつも心配してくれた塾の先生。

貧乏学生だった頃、よくご飯をおごってくれたサークルの先輩。

「あいつ、ちゃんとやってるか？」と何かと気を遣ってくれた職場の元上司。

慣れない仕事を丁寧に教えてくれた会社の先輩。

仕事でミスして落ち込んでいるときに、優しくしてくれた同期たち。

顔を見るとにこっと笑って「最近はどうですか？」と様子を聞いてくれるカフェの店員さん。

旅先でトラブルに巻き込まれたときに、親身になってくれたホテルの従業員さん。

等々、人生の色んな場面で、あなたに愛情を向けてくれた人に出会ってきているはずです。なかには名前も知らないような、そして、二度と会うこともないであろう人たちも含まれると思います。

そんな方々からの好意や愛情をただ思い出して、感じてみるのが「愛を受け取る」レッスンです。

すぐに心が温かくなってくるのが感じられませんか？　そのときあなたは、愛を受け取ることでその人とのつながりを感じていますから、当然、寂しさも孤独感も感じていないでしょう。できれば、先ほど紹介した「感謝の手紙」を書いてみると、さらにその思いが強化されると思います。

④瞑想やヨガを日常に取り入れる

瞑想もヨガも様々な効果がありますが、どちらも「自分とつながる」という意味で非常に有効な方法だと考えられます。様々な種類があるので、自分に合ったものを習慣化することで、いつでも自分とつながることができるようになっていきます。そうすると、寂しさや孤独感から解放されやすくなります。

瞑想は、自分の心と正面から向き合い、そして、ただあるがままに自分を感じます。

寂しさや孤独感をじっと見つめ、拒否するのでも、無理に解消しようとするのでもなく、ただただそれを受け入れていくのです。

そうすることで、寂しさや孤独感を丸ごと受け入れる心の器《うつわ》が培われていき、その感情に振り回されなくなります（後に紹介する「寂しさをただ味わう」と似ています）。

ヨガは、体の動きや呼吸に合わせて、瞑想と同じように心と向き合うことができるので、寂しさや孤独感をそのまま受け入れていくことができます。体の動きを伴うので、はじめはヨガの方が取り組みやすいかもしれません。

一般的に、体を動かすことは感情を解放し、自分とのつながりを取り戻すことができます。寂しさを感じたらジョギングをしたり、筋トレに集中したり、泳いだり、何らかのスポーツをすることも、寂しさから抜け出しやすくなる方法です。

体を動かすと言えば、土に触れるのもまた、自分とのつながりを取り戻すことに役立ちます。プランターでプチトマトを育てたり、部屋の観葉植物に水をやったりするだけでも孤独や寂しさが紛れるものです。

なぜかと言うと、植物の世話をすることは、「与える」ということになるからです。「与える」というのは、「相手が喜ぶことをして自分もうれしい」ということで、自分からつながりを作っていくことができます。もちろん、そういう意味ではペットに癒された経験のある方も多いと思いますが、それも同じことです。

寂しさを癒す基本は「自分からつながる」こと

くり返しになりますが、寂しさや孤独感を乗り越えるには「誰かを待つ」のではなく、「自分からつながること」が何よりも大切です。108ページでご紹介した「感謝の気持ちを贈る」ことも、112ページの「愛を受け取る」こともまた「自分からつながる」ことなのです。

「一人で週末を過ごすのは寂しいな」、と感じたら、誰かからの誘いを待つのではなく、自分から声をかけてみます。もし断られたら、ますます寂しさが募りそうで躊躇してしまうかもしれませんが、そこでは深呼吸をして、勇気を出して、ＬＩＮＥやメールを送信してみます。

特に寂しさが強くなると「どうせ、私のことなんてどうでもいいんだわ」と自暴自棄のようになって、ますます引きこもりがちになります。「誰か遊んでー！」と、片っ端から友達に連絡するくらいの方がいいかもしれません。

また、ふだんから行きつけのカフェやバー（自分の顔を覚えてくれているスタッフがいるお店）を作っておくと、寂しいときにはふらっと顔を出せますね。それもまた自分からお店に出向くわけですから、寂しさを抜け出すことができます。

さらに、そこでスタッフとおしゃべりするのもいいですが、私がおすすめしたいのは、**あえて自分の空間に入り込むことです。**本を読んだり、絵を描いたり、私が本でおすすめしているワークをノートに書き出してみたり。自分を知ってくれている人がいる空間は、それだけで安心感が得られます。心理的に安全な空間で「自分と向き合う」ことで、寂しさを解消することができるでしょう。

マッサージやネイルサロンに出かけることも「自分からつながる」ためにおすすめして

いることの一つです。行きつけのサロンがなくても大丈夫です。今から予約ができる店に飛び込んで体をほぐしてもらったり、おしゃべりしながら爪をきれいにしてもらいます。誰かに触れられることで得られる安心感は、皆さんも実感されたことがあると思うんですね。マッサージは体もほぐれますが、同時に心もほぐしてもらえます。爪をきれいにしてもらえばウキウキした気分になり、寂しさもどこかにいってしまうでしょう。

寂しいときはその感情に引っ張られて引きこもりがちになり、さらに寂しさを募らせてしまうものです。「自分からつながりに行く」ということを覚えておくといいと思います。

さて、ここで紹介した方法ですが、「カフェやネイルサロンにいる時間はいいけど、帰ってきたらまた寂しくならない？」と気になりませんか？

ええ、これらの方法だけを取り上げてみると、その場しのぎに見えるかもしれません。けれど、カフェで本を読んだり、ネイルサロンでたくさんおしゃべりするように、そこで自分自身や誰かとつながることができれば、しばらくはつながりの効果が持続するものなのです。

そして、何度もそういう体験をして「自分からつながることで寂しさを解消すること」ができるようになると、あなたは寂しさや孤独感を怖れることがなくなります。寂しくなっても大丈夫！と思えるようになるのです。その効果は絶大です。

誰かを応援する

116ページでもお話ししましたが、「与える」とは「相手が喜ぶことをしてあげて、そうすることで自分もうれしい」という意味で、つながりを作ることができ、ありとあらゆる方法があります（前出の感謝の手紙を書くのもその一つですね）。

ここでは孤独感や寂しさを手放せる「応援する」という、より強力な方法を紹介したいと思います。

「応援する」と言うと、推《お》しのアイドルを応援するようなことをイメージされるかもしれません。実は、それも立派な応援の一つです。

私のクライアントさんにも、ジャニーズや韓流のアイドルに夢中になり、その成長を応援するようになったら、どんどん孤独感や寂しさから抜け出せた人がたくさんいらっしゃいます（しかも、50代になってからアイドルにハマる人も続出しています！）。

もちろん、アイドル以外でも、夢を追いかけている人、目標に向かって頑張っている人で、あなたの心を動かした人であれば、有名無名は問いません。

例えば、今の時代はクラウドファンディング（クラファン）という、分かりやすい応援システムがあちこちで立ち上がっています。コロナ禍で苦境にある飲食店や生産者の方を支援するクラファンもありますし、夢を実現するための資金を集めている方のクラファンもあります。

もし、「この人に共感した！」という方がいたら、リターンを購入して応援するだけでなく、その人の発信するＳＮＳやブログ等の情報を追いかけてみるのもいいでしょう。もしかしたら、実際に会って支援活動に加わりたくなったり、ＳＮＳを通じて言葉を交わすこともできたりするかもしれません。

誰かを応援する気持ちは、祈りにも近いものがあって、確実にあなたを孤独感と寂しさの世界から抜け出させてくれます。

そして、応援している人が目標を達成するまでのドラマを一緒に共有できるので、まるでゴールテープに向けて一緒に走っているような感覚すら覚えることができるでしょう。

誰かを応援することは同時に「自分自身」を応援することにもつながります。あるクライアントさんは、それまで明確な夢や目標がないことが悩みの一つでした。そこで、「誰かを応援してみたら？」と提案したところ、ちょうど学生時代からの友人が起業を目指して頑張っていることを知り、彼を応援することにしたんです。

最初はＳＮＳで彼の活動を見ながらコメントするくらいでしたが、時には話を聴いて励ましたり、彼女が知っていることを教えたりしたこともありました。

そして、彼が夢を現実にしていくのを目の当たりにしているうちに、彼女にも徐々に自分がやってみたいことが分かってきたのです。そうすると、今度は彼を応援していたように、自分自身を応援したい気持ちが出てきました。今は、その夢に向かって頑張っているところです。

「誰かを応援する」という「与える行為」は、孤独感や寂しさからあなたを救い出してくれます。それだけでなく、あなたに新たな夢や目標を与えてくれるものでもあるのです。

誰かに助けを求める

あなたは、自分がピンチに陥ったとき、助けを求められる人は何人くらいいますか？

家族、パートナー、友達はもちろん、仕事関係の人、カウンセラー……、誰でも構いません。

私たちは自立すると「一人で何でも処理しなければならない」と思い込み、寂しさや孤独感も自分一人で何とかしようとします。それがここまでに紹介したような方法で乗り越えられるものならいいのですが、例えば、大切な誰かを失ったり、希望を失う出来事があって目の前が真っ暗になっていたり、寂しさや孤独感に押しつぶされそうになったりしているときは、一人でそれを抱える必要なんてありません。そこは、誰かに助けを求める場面なのです。

「助けて！」と声に出して言ってみてください。もちろん、今のあなたは、助けが必要な状況ではないかもしれませんが、その言葉はすらすらと口をついて出てくるでしょうか？

それともどこか外国語のような、なじみのない感覚がするでしょうか？

「誰かに助けを求めること」も、実は、自分からつながりを作る方法の一つと言えます。

それは「自分で何とかしなければならない」と思っている人にとっては大きなハードルなのですが、そもそも人生において、一人で何とかできることの方が限られています。トラブルが何も起きない人生も想像できません。

誰かに助けを求めることは、その人に依存することとは違います。

例えるならば、自分が転んでしまったときに、誰かに肩を貸してもらって立ち上がるようなものだと思ってください。だから、全然恥ずかしいことでもありませんし、相手に迷惑をかけることでもないのです。

それに人は誰もが「誰かの役に立ちたい」という思いを持っているものです。新型コロナウイルスの出現は様々な業種に大きな打撃を与えましたが、その一方で、ピンチに陥った店や企業を助ける動きもかなり活発化しましたね。

あなたのことを助けたいと思ってくれている人は必ずいるんです。だから、「助けてもらう」ということは、言い換えると「助けさせてあげる」という「与える行為」とも言えるのです。

寂しさをただ味わう、受け入れる

寂しさを何とかしようとして、焦って刹那的に行動すると「寂しさを満たしてくれるだけの人」や「寂しさを一瞬だけ紛らわせるモノ」を求めてしまうことになります。しかし、結果的に満たされないばかりか、自分が傷ついてしまうこともあるくらいです。

そこで、今まではその寂しさや孤独感から抜け出す方法をご紹介してきたのですが、ここではより高度に、その感情と真正面から向き合うことを提案したいと思います。

それは「寂しさをただ味わう」ということです。

「感情をただ感じる」と言ってもいいのですが、シンプルでいて、なかなか難しい方法です。また、寂しさというのはとてもつらい感情です。向き合い続けるにはそれなりの覚悟が要《い》るのですが、このテクニックを習得することができれば、ほかの方法を使うことなく、比較的早く孤独感や寂しさから抜け出すことができるのです。

「寂しさをただ味わう」というのは、その寂しさをじーっと見つめていく、そんなイメージです。

「寂しいよな。すごく寂しいなあ」と湧き上がる感情をただただ感じていくのです。それを怖れるのではなく、ただ、向き合い続けるのです。言葉にしてつぶやいてみるのも効果的です。

人によっては、その寂しさをもぐもぐ味わうようにしてみると、より早く寂しさから抜け出せることもあるようです。また、寂しさを感じている自分を少し俯瞰するような意識で見つめてみると、早く寂しさが解消されると教えてくれた方もいました。さらに、「その寂しさを実況中継するもう一人の自分」を意識してみることも効果があるようです。

そして、ただそのまま寂しいという感情を感じ続けます。次から次へと寂しさが湧き上がってきても、それをただ受け止め続けるのです。

すると、だんだん寂しさの感情が変化していきます。

怒りを伴ったり、悲しみが出てきたり、虚しさや惨めさが出てきたりもします。

また、「いつまでこの寂しさが続くのだろう？」という不安や怖れが出てくることもあります。感情は地層のように重なっていて、様々な感情が入り混じっていますから、別の感情が出てきても、それが自然なのです。

そうした感情もただただ感じ続けてみます。途中でやめるのはちょっと危険なので、最後まで続けることが大事です。

しばらく続けていくと、徐々にその寂しさや悲しみや不安の強さが和らぎ、同時に、どこか温かいような、ホッとするような、包み込まれるような、柔らかい感覚がやってきます。そして、心地よい疲れとともに、安心感に心が満たされていくようになります。

これが「抜ける」ということで、寂しさを解放することに成功したことを意味します。それは同時に、寂しさと真正面から向き合うことによって「自分とつながること」を成し遂げた瞬間とも言えます。

また、このとき、あなたの心は筋トレをしたかのように強くなっていて、同時に心の器も広がっていますから、また同じような寂しさがやってきても今度は容易にそれを受け止めることができるようになります（初めて感情と向き合うときは20～30分かかっていたものが、回数を重ねるごとに時間が短くなっていきます）。

感情の層を一つひとつ下りていくように、自分の心に奥深く入っていくと、その先の愛や親密感の層に行きつくのです。

そうした経験を1回でもすると、寂しさを怖れることもなくなっていくものです。

この方法は「マインドフルネス」等の瞑想法に少し似ていると思います。ただ出てくる感情を味わい、観察し続けることで、その感情を解消し、より深い感情とつながっていく

方法です。

この「ただ感じ続ける」ということがなかなか難しく、少し慣れが必要です。くり返しレッスンしてみるといいと思います。

「私は、私を見捨てない」という覚悟

孤独感や寂しさが「自分とのつながりが切れたときに生まれるもの」だとするならば、もし、そうした感情が出てきたとき、私たちは無意識的であったとしても、自分で自分の心（の一部）を切り離してしまったと言えます。

ちょっと想像してみてください。

「あなたにはいつも手をつないで歩いている仲のよい友達がいると思ってください。その子とは、いつも一緒で、いろいろな体験をし、たくさん話をしました。でも、ある出来事が起きたとき、つい、あなたはその子の手を放してしまいました。すると、あなたは途端に一人ぼっちになり、寂しい気持ちが襲ってきたのです。慌ててその子の手をつなぐと、

その思いは徐々に消え去り、ホッとした気持ちになり、安心感に包まれるようになったのです」

あなたと心（感情）との関係を擬人化してみると、このような話が描けると思います。

となると、あなたが孤独から一歩踏み出し、寂しさを越えていく秘訣は「その手を離さない」という決意だと言えるのではないでしょうか？

言い換えれば「その子（＝自分）を見捨てない」という覚悟ではないでしょうか？

試しに「私は、私を見捨てない」と声に出して言ってみてください。

1回でしっくりこなければ、何度もゆっくり言ってみましょう。

お腹の底に、力強く熱い何かを感じませんか？

「私は、私を見捨てない」という思いを持つことで、不思議なパワーが私たちに与えられるようです。そして、その思いを感じた瞬間は寂しさから解放されるでしょう。

私たちは「誰かが側にいて、つながってくれたら寂しさはなくなる」と思っています。

確かにそういう体験をしますが、そこで起きていることは実は「その人への依存」であり、ほんとうのつながりではありません。

しかし、自分が自分を見捨てることなく、いつでも〝自分と手をつなぐ〟ことができれば、自分でもその寂しさを乗り越えることができますし、また、人とのつながりもより強く感じやすくなるのです。

寂しさを乗り越えたその先にあるもの

寂しさを受け入れ、乗り越えていくことができたら、目の前にはどんな世界が広がっていくでしょう？　少し本を閉じて想像してみてください。

とても楽になっていますよね。

そして、心のなかにいつも安心感があるでしょう。何が起きても、何とかなるという希望も、しっかり感じられるかもしれません。

本項では、この寂しさや孤独感を乗り越えたときに何が得られるのか？を考えてみたいと思います。

まず、寂しさや孤独になることを怖れる必要がなくなりますね。
たとえ、一人ぼっちになっても、私たちは自分自身や誰かとつながる方法を知っていますから、寂しさや孤独感に飲み込まれることはなくなります。寂しさを怖れなくなったら、私たちはどうなるでしょう？　とても自由を感じられると思いませんか？

寂しさや孤独感を乗り越えることができたら、私たちは地に足をしっかりと着けた生活が送れるようになります。

寂しさを紛らわせるために何かに依存したり、誰かを求めたり、相手の反応を気にして不安になったりすることがなくなりますから、いつでも自分らしく（つまりは自分軸で）振る舞えるようになるのです。

それは「私は私のままでいい」という許可が降りることでもあり、言い換えれば、自己肯定感がぐんと上がった状態とも言えます。つまり、寂しさや孤独感を乗り越えることは、自己肯定感を最高の状態に保つことにも役立つのです。

さらに、寂しさや孤独感に引っ張られなくなると、人は明るく元気になり、キラキラとしたオーラを放つようになっていきます。前向きでポジティブな考え方ができるようになり、リーダーシップを取ることも増えていくでしょう。

それは心にいつも「つながり」を感じられるからこその効果です。「私は一人じゃない。味方がたくさんいる」という確信が自信を作り出し、明るい性格を形作ってくれます。

その一方で、「成熟した大人の色気」「落ち着いた大人の雰囲気」も作り出されます。寂しさや孤独感を突き抜けた強さが、そうした「成熟さ」を与えてくれます。地に足が着いた様子から「落ち着いた」雰囲気が醸し出されていくのでしょう。その大人の成熟さは器の大きさも表しています。周りの人たちを受け入れ、安心させる存在になっていくのです。

心のなかに常につながりを感じているので、いつもあなたは誰かから愛され、応援されていることを実感として持っています。そうすると新しいチャレンジも躊躇なくできるようになります。失敗を怖れることがなくなり、周りの人に応援を求めることができるので、より大きなプロジェクトに挑むことだってできるようになるのです。

みんなと一緒に「夢に向かって進む」ということができるようになっているのです。

もちろん、これらは一例に過ぎません。寂しさを乗り越えることで得られる恩恵には、ほんとうに様々なものがあります。言い換えれば、寂しさと向き合い、それを乗り越えていくことは、今の人生を大きく変える方法と言えるのかもしれません。

ほんとうの「つながり」とは？

さて、本章の最後にあえてこのテーマを据《す》えてみました。

「つながり」は自分から作るものですし、それによって寂しさや孤独感を消すことができます。

しかし、誰かと一緒にいるときは寂しさを紛らわせても、一人になったら再び寂しさに襲われる、という経験は少なからずあるでしょう。

若い頃の恋愛は、こんな言葉で表されることがあります。

「一緒にいると幸せ。でも、離れると寂しい」

それと同じことが、大人の世界の「つながり」のなかでも多少なりとも起こっているのです。誰かと一緒にいるとその寂しさが紛れるので、どんどんその人に依存してしまうようになるのです。

ほんとうの寂しさとは、物理的な距離とは無関係な、「心と心のつながり方」によって感じられるものなのです

そして、何度もくり返しお伝えしていますが、それは「自分の心とのつながり」なのです。

「一緒にいても幸せ。離れていても幸せ」

つながりがあるときは、そのように感じます。だから、自分から連絡を取って会いに行かなくても、「つながり」を感じることができるのです。

そのつながりがあるところでは「信頼」も同時に生まれています。

自分の愛に自信が持て、また、相手から向けられる愛にも自信が持てているからです。

だから、物理的な距離は関係なくなります。


極端な例かもしれませんが、そういう意味では「死」がお互いの物理的な距離を永遠に断ち切ったとしても、心のつながりは保つことができるので、寂しさや孤独感に襲われることはありません。

「あの人は亡くなったけれど、いつもすぐ近くにいてくれるような気がして全然寂しくないの」という言葉を聞いたことはありませんか？　それが「つながる」ということの真実を表しているような気がしてなりません。

さて、寂しさや孤独感を乗り越えるための「つながり」について学んだあとは、よりそのつながりを強め、深めるための「自己充足」を紹介していこうと思います。

第5章

自己充足感を得る

自己充足とは？

寂しさや孤独感を乗り越える直接的な方法を学びましたが、本章では、そうした感情にとらわれにくくするための「自己充足」についてお話ししていきたいと思います。

読んで字のごとく、「自分で自分を充足する（満たす）こと」を指すのですが、これが日常的にできるようになると、他人やモノに依存する必要がなくなるので、寂しさや孤独感にとらわれないようになるのです。

分かりやすく言えば、毎日、仕事にプライベートに充実した時間を過ごしていたら寂しくなることなんてあまりないですよね？という話です。

ただ、この自己充足というのは、実践するのはなかなかハードルが高いところがあります。ですので、段階を追って説明していきたいと思います。

まず、改めて自己充足とはどんなものなのかを考えていきましょう。

「自分で自分を充足する（満たす）」ということですが、例えば、お酒を飲んで満たされた気分になることは、果たして自己充足と言えるのでしょうか？　また、毎日友達と楽しく遊ぶこともまた自己充足と言えるのでしょうか？

答えは「場合によってはなり得るし、逆に、依存してしまうことも起こり得る」ということになります。

つまり、「お酒を飲む」「友達と遊ぶ」という行動そのものが自己充足につながるかどうかは、自分の心の状態によって変わってくるのです。

自分の体調や心理状態をちゃんと把握し、「今日の適量」を見定めてお酒を飲むのであれば、それはよいお酒になります。気分もよく、また、翌日に影響を残さないような付き合いができるでしょう。つまり、お酒と対等な関係にある、適切な距離感を保てている、ということですね。

ところが、「むしゃくしゃするので飲んで忘れたい」とか「寂しさを紛らわせたい」という心の状態のときは、お酒に対してどんな思いを抱くかと言うと「お酒ちゃん、私の気持ちを癒して」という依存的な思いになってしまいます。そうすると深酒になったりして、翌日に気分の悪さを残してしまうでしょう。

そもそも嫌な気分や寂しさをお酒で解決することはできませんね。歯が痛いときに痛み止めの薬を飲むようなもので一時しのぎにはなりますが、虫歯を治さなければどんどん薬が必要になってしまいます（つまり、依存してしまいます）。

「友達と遊ぶ」ことも同じです。適切な距離感や対等な関係のなかで楽しく過ごすことはとても素晴らしいことなのですが、その友達を〝利用して〟寂しさをごまかしているのであれば、お酒と同じく、その友達に依存していくことになるでしょう。

つまり、自己充足するためには、その対象（人やモノ）と向き合ったときの自分の心の状態をきちんと受け入れることや、その対象との適切な距離感、対等性がとても重要なのです。

ちなみに「友達と遊ぶ」ということは、友達の存在があるのだから自分で自分を満たすことにはならないのでは？という疑問を持たれる方もいらっしゃるかと思います。

確かに、相手のあることですから、自分の思い通りに自分を満たせるかどうかは分かりません。

でも、友達を〝利用する〟のではなく、〝協力してもらって〟自分の心の状態を整えることができるのであれば、それは自己充足と言えます。〝協力してもらう〟とはどのようなことかと言うと、「ちょっと会社でむしゃくしゃしたことがあったんだけど、1時間くらい話を聴いてくれないかな？」とか「なんかここ最近、寂しいんだよね。一緒にいてくれるとすごく安心するから今日は甘えていい？」等とお願いしたうえで、相手にどうするかを選択してもらうことを意味します。つまり「対等」なんですね。

とはいえ、まったく依存心なく友達に話を聴いてもらったり、甘えたりすることは自分がかなり成熟していないと難しいものです。自己充足を得るならまずは、一人でできることに限った方が行動しやすいかと思います。

「自分自身に与える」という意識

自己充足を実践するために、「自分自身に与える」ということを意識してみるのはいかがでしょう？

私は講演会やカウンセリングでも「自分自身と仲直りしましょう！」とか「自分が自分の一番の味方でいてあげましょう！」という提案をしています。特に、自己嫌悪が強い方には「大切な友達に接するのと同じように、自分と接しましょう！」という話をすることもあります。

「自分」という一人の人間をここでも俯瞰してみます。

しかも、「自分」はとても大切な存在で、自分にとって一番身近な人です。

その「自分」自身に「与える」という意識を持ちます。すなわち、自分自身を喜ばせてあげること、もっと楽しませ、笑顔にしてあげることを目指すのです。

しかし、私たちはつい、よかれと思って逆のことをしてしまいます。

「私は大丈夫だから、お先にどうぞ」と遠慮したり、周りの人にはちゃんとしたプレゼントを買ってあげるのに、自分自身にはちょっとしたものを買うだけだったりしていませんか？

私たちは自分を後回しにしたり、自分だけには何も与えなかったりしてしまう癖を持っているのかもしれません。

それは自分よりも相手を大切にする、という優しさや思いやりかもしれません。もちろん、大事なことだと思います。でも、いつも自分以外の誰かを優先するとしたら、自分自身がかわいそうではないでしょうか？

自分自身に与え、そして、受け取ることは、自己充足のためにはとても大切な意識の持ち方です。

そうなると、ここでポイントになってくるのが次項で詳しくお話しする「自己肯定感」です。

☆自己充足と自己肯定感、自己嫌悪

「自分自身に与えよう」「自分が自分の一番の味方になってあげよう」という意識の大切

さを先ほど紹介しましたが、元々自己嫌悪が強い人は、そこに猛烈に抵抗を感じてしまうでしょう。

自己嫌悪は「世界中の誰よりも自分が嫌い」という思いです。でも、嫌いな人を喜ばせたり（それが自分であっても）、味方になったりするのって嫌ですよね？　むしろ、もっとひどい目に遭えばいいのに、とか、もっと不幸になればいいのに、と思ってしまうかもしれません。

だから、自己充足をするためには、自己嫌悪を癒す必要があるのです。

すなわち、自己肯定感を上げておくことが大事なのです。

自己肯定感を上げる方法はたくさんありますが、すでにご紹介した「感謝の気持ちを贈る」もその一つです。

ここではさらにいくつかのシンプルな方法をご紹介します。

【自己肯定感を上げる方法】

①半年前、1年前の自分と比べて成長したところはどこか？

「半年前、もしくは1年前の自分」と「今の自分」を比べてみます。

他人と比べることに意味はないのですが、過去の自分と比較して成長したところを見つけることで、自己肯定感を上げることができるようになります。

「前はもっとネガティブなものの見方をしていたけど、今は少しはポジティブになれた」

「1年前に比べると、好きなことに時間やお金を投資することができるようになった」

「半年前よりもおしゃれに気を遣えるようになった」

「以前の自分よりも、自分の言いたいことを言えるようになっている」

仕事、人間関係、考え方、価値観……様々な方向に意識を向けて、自分の成長した部分を見つけてみてください。

こうして意識的に以前の自分と比べる時間を持たないと、なかなか自分の成長に気づけないものです。これは、ふと思いついたときに取り組んでみると効果的なワーク（実習）になりますよ。

②誰かのために頑張ったこと、与えたことを思い出す

私たちは知らず知らずのうちに誰かのために頑張ったり、誰かに与えたりしているものです。

「後輩が仕事で行き詰まっているときにサポートしてあげた」
「お母さんを喜ばせるために、頑張って勉強した」
「恋人のために料理を作ってあげた」
「友達の誕生日をサプライズで祝ってあげた」

等々。これも意識的に思い返さないと、忘れてしまうものです。こうして、自分が頑張ったり、与えたりしたことを思い出すと、「自分もなかなかやるなあ」と思えるものなのです。

③自分の長所をたくさん見つけて、受け取る

自己嫌悪が強いときは自分の悪いところ、できていないところ、ダメなところばかりに目がいってしまいます。でもその反面、私たちは気づかないだけで、たくさんの長所、魅力、価値を持っているものです。

そんな自分のいいところを自分で見つけるのはなかなか難しいのですが、心理学の「投影の法則」を使うと、こんなワークができます。

①あなたの周りの人はどんな魅力を持っていますか？
②あなたはどんな人に憧れますか？　どんな人を尊敬しますか？

察しのよい方はもう気づいていらっしゃるかと思いますが、この①②の答えはすべて自分のいいところを表しているのです。

信じられないものが答えのなかにあるかもしれませんが、それは自分がそうと気づいていないか、認められないかのどちらかだと解釈してください。

私はこのワークをセミナーで頻繁に行っているのですが、なかなかおもしろい結果・反応が出てきます。このワークをやったあと、「その答えのリストはすべて自分の魅力なんですよ」とお伝えすると、たいていの参加者は「ええー、違うよ！ そんなことないよ！」という反応です。

そこで、私が「そのリストを隣の人と交換して、それがその人の長所だと思って、その人を見てください」とお伝えすると、皆さん、「ああ、分かる、分かる。そんな気がする」と一様に答えられます。

自分がリストアップした項目はとても自分の魅力だとは思えないのに、隣の人がリストアップしたその人の項目は「確かにそうだ」と思えるのです。どれくらい私たちが、自分自身の魅力に気づいていないかが如実に分かるシーンです。

自分のいいところを知る格好のワークだと思いますので、ぜひ皆さんもやってみてください。これは他人のいいところを見つけるワークにもなりますので、人間関係が良好になっていく効果もあります。

④「それが今の私だから、しゃあないやん」を口癖にする

自己肯定感というのは「ありのままの私にＯＫを出すこと」です。先ほど見たように長所もたくさんあるけれど、苦手なこと、できないこと、弱いところもたくさん持っているのが私たちです。自己肯定感は自分の長所も短所もいったん受け入れることを表すのですが、そのためにおすすめしている口癖が「それが今の私だから、しゃあないやん」というものです。

私は大阪に住んでいるのでこの表現がしっくりくるのですが、皆さんがお住まいの地域の言葉に置き換えて言ってみてください。今の自分に丸ごとＯＫを出す言葉ですが、自分に厳しい人ほど抵抗があると思います。でも、確かに足りないところもいっぱいあるかもしれないけれど、それが今の自分自身なのですから、受け入れるほかないと思いませんか？

自己受容と自己理解

「自己受容」と「自己理解」も自己充足を習慣化するうえで欠かせない要素だと思っています（自己〇〇という言葉がたくさん出てきて混乱してしまうかもしれませんが）。

自己受容というのは、まさに先ほどのワークでも出てきた「自分自身を丸ごと受け入れること」を意味します。私たちは自分自身に対して「こういう自分はいいけれど、ああいう自分はダメだ」とか「この自分は好きだけど、あんな自分は最低だ」と判断して、ある部分は受け入れるけれど、自分が認められない部分は切り捨てたり、否定したりする癖があります。

でも、「それが今の自分なんだから、しゃあないよね」という気持ちで今の自分を見つめてみると、そんなダメな部分や弱い部分も「しょうがないなあ」と受け入れられるようになっていきます。

この自己受容もまた、自分とつながる方法の一つなので、自分が今まで受け入れられなかった自分を受け入れるだけで、心は温かくなり、孤独感や寂しさも消えていきます。

自己受容するときのポイントは「それも私だから」という言葉を使うこと。先ほどの言葉と似ていますが、こちらもまたパワフルな言葉ですので、ぜひ口癖にしていただければと思います。

そして、その自己受容をさらに一歩進めると「自己理解」となります。その名の通り、「自分のことを理解すること」なのですが、裏を返せば、私たちは案外、自分のことが一番分かっていません。

ベタなコントですが、おじいさんが眼鏡をおでこの上に載せたまま「おばあさんや、わしの眼鏡、知らんかの？」と聞くと、おばあさんが「おじいさん。そこにありますよ。おでこにあるじゃないですか」とたしなめる、というやり取りを想像してみてください。私たちはそれと同じくらい、自分のことが見えていないのです。

同じように、私たちは自分のことをほとんど理解できず、むしろ、否定的にとらえているものなのです。その一端は、先ほどの自分の魅力を見つけるワークでも見受けられると思います。私たちは自分の魅力すら、ちゃんと受け取ることができていないのです。

自分を理解するためには、自分を俯瞰して客観的に見る視点が必要になってきます。それこそ、自分を自分の大切な友達のように見てあげることが必要なのです。

自己理解を深めるためには、自分の過去の出来事や考え方、価値観、今の感情に対して、まるで友達の話に真剣に耳を傾けるようにしっかり向き合うことが大事です。そして、それらをただ受け入れ、その傾向を知ることを目指します。

「自分はこういうとき、すぐにカッとなっちゃうんだよね」

「一言『ごめん』と言えばいいって分かってるんだけど、つい意地を張っちゃうのが自分なんだよね」

「本番に弱いというか、アドリブが効かないところがあるよね」

「悪気はないんだけど、つい余計な一言を言っちゃうんだよな」

といったふうに、自分の弱さも否定せずに受け入れていくのです。

自分の弱さを受け入れることができれば、それをフォローすることも可能になります。

「自分はすぐにカッとなっちゃうから、そういうときはぐっと堪《こら》えて何も言わないようにしよう」

「そのときは意地を張っちゃうかもしれないから、後々、改めて『ごめん』って言うようにしよう」

「アドリブが効かないタイプだから、予《あらかじ》めきちんと打ち合わせをして台本を作っておこう」

「一言余計なことを言っちゃうかもしれないけれど、悪気はないんだ、ということをまず相手に伝えておくことにしよう」

というふうに。

こうして自分を受け入れ（自己受容）、理解できるようになると（自己理解）、自己肯定感も上がり、自己嫌悪がどんどん減っていきます。そして自己充足が得られます。それと同時に、こうした意識を持つことで自分を俯瞰する目が養われていくのです。

☆「自分軸」を確立する

自分を客観的に見られるようになれば、55ページでご紹介した「自分軸」を確立することにもつながります。

「自分軸」とは「自分を主語にして主体的に行動できること」を意味します。反対の言葉は「他人軸」で、自分よりも他人を優先し、それゆえに、他人に振り回されてしまうことを言います。

他人軸のときは「相手に嫌われるのが怖い」「人にどう思われているのかが気になる」「怒られないように行動しなければ」というように、「受け身言葉」でものを考えています。そうすると自分の意志を持つことができなくなって相手に合わせてばかりになるので疲れてしまいますし、自分がどうしたいのか?が分からなくなってしまいます。他人に依存し

「自己充足」するための「自己受容」と「自己理解」

自己受容

自分自身を丸ごと受け入れること。
いいところも悪いところも含めて、「ありのままの自分」に OK を出す。

自己受容が進むと…

自己理解

自分の魅力や長所、弱さや短所も含めて、俯瞰的に自分のことを見る。
自分を、自分の大切な友達のように見てあげる。

自己理解が進むと…

自己肯定感が上がり、自己嫌悪が減っていく

すると…

自己充足ができる

ている状態になります。

自分軸を確立すると、相手に振り回されず、いつも自分自身でいることができます。しかし、そこで自分本位な行動を取るわけではなく、きちんと相手を受け入れたり、相手を喜ばせたりすること（与えること）もできるようになります。

つまり、「私はどうしたいのか？」という問いかけが常にできているので、自分の行動を主体的に選択できるようになるのです。それができれば人間関係で疲れることなんてほとんどないと思いませんか。

当たり前ですが、自己充足を行うには、他人軸のときは他人のことが気になってしまいますから、とてもできません。

自分軸を確立する方法もまたたくさんあるのですが、私がよくおすすめしている方法をいくつかご紹介したいと思います。

【「自分軸」を確立する方法】

①「私は私、人は人」を口癖にする

この言葉を口癖にしてしまいます。たとえばあなたがパートナーに振り回されているな、と感じたら、呪文のように「私は私、彼（彼女）は彼（彼女）」と言うふうにつぶやいて、二人の間に一本、線が引かれている状態をイメージします。これを日に何度も何度もつぶやいていくと、徐々にその意識が心のなかにインストールされ、パートナーに振り回されることが減っていきます。この方法はパートナー以外の人にも使えます。家族、上司、お金、仕事など、あなたが振り回されていると感じる人やモノをあてはめてみて下さい。

②「私はどうしたいの？」と問いかける

主体的に物事を選択するように、様々な場面でこの問いかけを自分に与えます。

ランチを食べにレストランに入ったら、メニューを見ながら自分の心に「私は何が食べたいの？」と聞いてみます。

仕事帰り、オフィスを出たら「私は今からどうしたいの？　どこに行きたいの？」と聞きます。休日の朝は「今日の私はどう楽しみたいの？」と聞いてみるのです。

そんなふうに日常のあらゆる場面で「私はどうしたいの？」と自分に聞く習慣をつけていくのです。

もちろん、気の進まないミーティングの前に「私はどうしたいの？」と聞けば「サボりたい。逃げたい。出たくない」という声が聞こえるでしょう。じゃあ、ミーティングに出なくていいか？と言われると、やはりそういうわけにはいかないことも多いでしょう。

そこでは「自己受容」や「自己肯定感」との合わせ技を使います。

すなわち、ミーティングに出たくない自分をまずは「そうだよね。あんまり意味があるとは思えないもんね」と受け入れてあげます（自己受容）。そのあとに「でも、サボるのもいろいろ面倒なことがあるから、今日はちょっと頑張ろうか？」と自分に声をかけてあげるのです。

このように、自分の気持ちと対話して、納得するようにすると（自己肯定感）、そのミーティングは「主体的に（自分軸を持って）自分が参加することを選んだ」ということになり、ストレスを感じにくくなります。

私たちが日々抱えているストレスは「自分の意志ではなく、やらされていること」の方が圧倒的に多いわけです。自分軸を確立することでそこがだいぶ緩和されるとしたら、日常をもっと楽に過ごせると思いませんか？

つまり、こうした自分軸を実践するプロセスそのものが一種の自己充足になっている可能性もあるのです。

自己充足があれば、寂しさや孤独感から解放される

ここでは、日々実践できる「自己充足」の方法をお伝えしていきたいと思います。これらを「自分軸」で行うことにより、寂しさや孤独感にとらわれず、自分らしい人生を送る

ことが可能になっていきます。

【自己充足の方法】

①自分が笑顔になれることをする

あなたは自分がどうしたら笑顔になれるのか、いくつくらい知っていますか？

これが「自己充足」の第一歩です。自分が笑顔になれることを自分に与えてあげることは、自分を大切にする基本でもあります。

とはいえ、自分を笑顔にすると言っても、そんなに難しく考えなくて構いません。

ここでポイントなのは「一人でできること」に限ってみることです。友達とおしゃべりするのも自分が笑顔になれることの一つですが、それは相手があってのことですから、今回はそれは横に置いておきたいと思います。

例えば、

○大好きな甘いものをゆっくりいただく。

○お気に入りのワインを好きな音楽を聴きながら楽しむ。
○好きなブランドの服を着る。
○何度も読み返している漫画を改めてじっくり読む。
○好きな映画をじっくり鑑賞する。
○相性のいい神社に参拝する。
○花屋さんでかわいい花を買ってきて部屋に飾る。
○カラオケに行って歌いまくる。
○ヨガで体をほぐす。
○丁寧に料理を作ってゆっくり味わいながら食べる。
○次の旅行の計画を練る。
○ネットショッピングを楽しむ。
○ウーバーイーツでおいしいスイーツをオーダーする。
○自分が撮った写真や動画を見直して思い出に浸る。

いかがでしょうか。候補は無限に出てきませんか？

できれば、「自分を笑顔にしてあげられるもの」というリストを作っておいて、レストランでメニューを選ぶようにその日の気分で選んでみるといいと思います。できれば、ここに書いたリストよりももっと細かくしてみるといいでしょう（大好きな甘いものと言っても、チョコレートからフルーツまでたくさんあると思いますから）。

自分が好きなことを自分に与えてあげることで、笑顔になれます。

このリストを作ること自体が自分を笑顔にしてあげられることですし、また、そのできあがったリストを眺めているだけでも、ついにっこりしてしまうかもしれませんね。

不思議なことに、自分が笑っているときって、孤独感や寂しさは存在していないのですよ。

②自分の体を大切にする

「体を大切にする」というと「食」に関することから、「身に着けるもの」「体の扱い

「自己充足」の第一歩。自分を笑顔にしてあげられるものを書き出しましょう。

「自分を笑顔にしてあげられるもの」リスト

方」まで、いろいろ考えられますね。

皆さんは「食」についてはどれくらい気をつけてますか？　もちろん、毎日、体にいい食事をとってばかりではないと思いますが、やはり体を作り、心にも大きな影響を与える「食」については、より意識を向けてみるといいでしょう。

例えば、旬のものをいただくようにする。

寝る前は食べないようにする。

甘いものばかりをとりすぎないようにする。

一般的によく言われていることに気をつけるだけでも違いますね。

また、最近はファスティング（断食）も流行《はや》っていますが、機会があればきちんとしたやり方でやってみることをおすすめします。体が変わることが実感できると思います。

ちなみに、心の世界から見ると「体にいい食事をとる」という意識を持つことが、「自分で自分を大切にしている」という思いにつながります。実は何でもいいんです。ファストフードだって「これは私の体にいい食べ物なんだ！」と心の底から思えたら、心にとってはいい栄養になるのです。

また、身に着けるものについてはどうでしょうか？　これは「お気に入りの服を着る」ということでもあり、「服やアクセサリーの素材に気をつける」ということでもあります。金属アレルギーの方は嫌でも貴金属類には気をつけていらっしゃると思いますが、できるだけ自分の体にフィットしたもの、そして、心が喜ぶものを身に着けることをおすすめしています。

特に意識してみるといいのがルームウェアとナイトウェアです。下着は意識されている方が多いと思いますが、意外とルームウェアを適当にしていませんか？　着ている時間は意外と長いものですし、〝人に見せるものではないからこそ〟ルームウェアやナイトウェアを心地よいものにすることで、自分を大切にする意識が高まるのです。

お金をかけてもいいですし、自分が気に入ったものを着るようにしてもいいですが、ぜひ意識してみてください。

さらに「体の扱い方」について。私がよくおすすめしているのはお風呂で自分の体を洗う際に適当にごしごし洗うのではなく、自分の体を労《ねぎら》うように言葉かけをしながら丁寧に洗ってあげる、ということです。「今日も頑張ったねー」とか「ありがとねー」「お疲れ様」と小さな声で言いながら（心のなかでつぶやくだけでもいいですよ）、手で体に触れてあげます。

もしくは、湯船に浸かっているときや、ベッドのなかで優しく体に触れながらそうした言葉をかけてあげると、心が少しずつ温かくなるのが感じられると思います。

お風呂上がりにクリームやオイルを塗る習慣がある方も、ぜひそんな意識を持って自分の体に触れてみてください。

女性に限らず、今の時代「冷え」には注意が必要ですね。冬はもちろん、夏もエアコンがガンガンにかかっていて寒いくらいのときもありますから、体を温める意識を持つこともまた自分を大切にすることの一つです（これは体を温める食事を意識することでもできますね）。

体を温めてあげると心も温まります。寒い日に毛布にくるまるだけでも心が温まる経験をしたことはありませんか？

また、ヨガやストレッチ、散歩等の軽い運動を習慣化するのも、自分を大切にすることの一つですね。なかなか習慣化させることが難しいと感じる方は思い切ってジムに入会してみたり、パーソナルトレーナーと契約してみてください。体を動かすと心も明るくなりますし、フットワークも軽くなります。自分を大切にする習慣の一つに取り入れたいものです。

この本をお読みの方はすでにお分かりかもしれませんが、心にとっては「何をするのか？」よりも「どういう気持ちでするのか？」の方が大事です。「自分を大切にする」という意識をより強く持つことで、今行っている習慣がさらに効果を生み出してくれます。

前項で「自分を労いながら体に触れる」という方法をご紹介しましたが、自分を労う方法はほかにもたくさんあります。

1日の終わりに今日の自分に「お疲れ様」「ありがとう」という言葉をかけるだけでもいいですし、仕事帰りの電車のなかや、在宅勤務を終えたときに、意識的に「お疲れ様！」と自分に声をかけてあげてもいいでしょう。

あるクライアントさんは、スマホの日記帳アプリに、毎日、今日の自分を労う言葉をメモするようにしたところ、「自己肯定感」が上がり、笑顔が増えたそうです。もちろん、人とのつながりもより強く感じられるようになりました。

彼女はそのアプリに「仕事でミスして注意されたけど、ふてくされずにちゃんと修正した。偉い！」とか「今日はちゃんとお弁当を作って持って行けた！　すごい！」とか「長時間のミーティング、お疲れ様でした！」と、自分を労う言葉を書きつづっていたそうです。特に嫌なことがあった日には、念入りにその時間を取るようにしたそうです。それも素晴らしい試みですね。

皆さんも自分に「お疲れ様！」と言ってあげる習慣を作ってみてはいかがでしょうか？

④「幸せ日記」をつける

4章のはじめに「心の日記」をつけることをおすすめしましたが、また新たなスタイルの日記のご紹介です。

それは「今日あった、うれしい・幸せ・楽しい・ワクワクした出来事だけ、を記録する日記」です。

私はそれを「幸せ日記」と呼んでいます。

「取引先の○○さんから褒められた」

「今日は先輩が優しかった」

「後輩が『先日のお礼です』ってお菓子をくれた」
「スムーズに電車に乗れた」
「彼からＬＩＮＥが来た」
「夕日がとてもきれいだった」
「駅前の花壇にきれいな花が咲いていた」
「たまたま寄った本屋さんできれいな写真集を見つけた」

等々、日常のほんの些細なことだけど、うれしかった出来事をただ記録していくのです。これも日記アプリを活用すると習慣化しやすいと思います。

「幸せ日記」は、その日あった幸せを探す習慣をつけることになりますから、これもまた前出の「自分を笑顔にしてあげる方法」に加えてもいいかもしれません。

この「幸せ日記」は多くのクライアントさんが実践していますが、やはり最初はなかなか言葉が出て来ずに、毎日同じような内容になってしまうそうです。しかし、それでも根気強く続けていくと、ふと気づいた幸せや、今までなら何とも思わなかったことに喜びを感じたりできるようになっていくのです。

あるクライアントさんは、はじめの頃は1日数個思い出すのがやっとでしたが、数週間続けているうちに毎日20個も30個も思い出せるようになったそうです。

⑤自分の周りを好きなアイテムでいっぱいにする

「自分にとって大切なものを当たり前に大切にする」という意識を根づかせる方法として私がよく提案しているのが、「自分の周りを好きなアイテムで埋め尽くす」という方法です。

とはいえ、家じゅう全部を変えるには相当資金が必要なので、一つずつ、自分にとって大切なものから変えていきます。

あなたの部屋を見回してみてください。そのなかで「もっと自分のお気に入りに変えたいもの」ってありませんか？「引っ越したときにとりあえずのつもりで買ったカーテンをそのままにしている」「実家から持ってきたテーブル、デザインも古いし、新しいのが欲しいな」「100均の食器類を、もう少し気分が上がるものにしたいな」というように。

「部屋は自分の心を表す」と言いますから、自分を粗末にしている人は部屋のなかも粗末に見えます。そこをできるところから「好きなもの、お気に入りのもの」に変えていくのです。


料理をよくする方ならまずはキッチン周りから。

寝ることが好きな方はベッド、シーツ、お布団、カバー、枕、枕カバー等から。

メイクが好きな方はドレッサーを整えてみたり。

床に座ってスマホを見たり、映画を観たりするのが好きな方は、テーブルやクッション、ラグマットを揃えてみることから。

そうして、少しずつ自分の身近なところを「好きなもの」に置き換えていきます。


これは職場でも言えることです。自分のデスクがある方は、デスクの上を自分のお気に入りで埋めていきましょう。会社から提供される文房具が気に入らなければ自分の好きなものに変えてみたり、付箋《ふせん》やメモ帳をお気に入りのキャラのものにしてみたり、いろいろと変えられるところはありそうです。

もちろん、服やアクセサリー、靴、メイク道具などは言うまでもありません。

少しずつ自分の周りを好きなもので固めていくことは、まさに自分を喜ばせることであり、自分の心に栄養を与えることになるのです。

まずはできるところからコツコツと始めてみてください。

⑥自分に「最高のモノ」を与えてあげる

「自分にとって最高のモノを与える」ということは、自分を喜ばせてあげるだけでなく、自分がそれにふさわしい最高の人物であることを自ら承認することになるのです。

とはいえ、自分にとって最高のモノというのは、何も高価なものに限りません。今の自分に最高にフィットするものなのです。

これもまた、すべてにおいて実践しようとするとかなりお金がかかってしまいますから、まずは自分にとって重要度の高いモノから取り組んでみるといいでしょう。

例えば、ファッションで、自分にとって最高のモノを思い切って自分にプレゼントしてみることが、どれくらい気分を変えるかは皆さんも体験されたことがあるのではないでしょうか。


お茶を淹《い》れるのが好きな方。あなたにとって最高の茶葉、ティーポット、ティーカップは何でしょう？

ヨガが趣味の方。あなたにとって最高のヨガマットやボディスーツはもちろんですが、どんな場所でヨガをするのが最高に幸せでしょう？

チョコレートが好きな方。もし、自分にご褒美を与えるとしたら、どこのメーカーのどのチョコが最高にうれしいでしょうか？

今、自分ができることで、自分にとって最高のモノを選び、与えることは「お金」に対するネガティブな思い込みを手放すことにもつながります。さらには、自分自身にそれだけの価値があることを受け取るいいレッスンにもなるのです。

⑦丁寧な暮らしを心がける

この方法は向き不向きがあるので、自分に合っていると思う方のみ実践してみてください（そうでないと、すぐに自己嫌悪に陥る可能性が高いため）。

「丁寧な暮らし」を意識して日々を過ごすこと。

その意識だけで、モノを大切にし、料理も手作りになり、お掃除をこまめにしたり、丁寧に洗濯物を畳んだり……と、様々な変化が起こってくるものです。

ユーチューブの「vlog」というジャンルをご存じでしょうか？　様々な方が日常の暮らしの様子を動画に収めてアップしているのですが、私はそれを見ていると心がとても癒されるのです。その方々の暮らしはほんとうに丁寧で、地に足が着いています。

そうした生活を目指したい方にはいいお手本になると思います。

ちなみに「丁寧に暮らす」というと、皆さんはどんなイメージがあるでしょうか。きっと人それぞれ、その定義は違うものと思います。自分にとって心地よい丁寧な暮らしを、まずはイメージしてみるところがスタートです。

朝は何時に起きて、まず何をするのか？　午前中はどのように行動するのか？　ランチはどんなところでとり、午後はどのように過ごすのか？　そうした1日の予定を「自分らしく」考えてみるのは案外楽しいことかもしれません。

ただ、ここで気をつけなければいけないのは「理想と現実」。理想のハードルをあまりに上げてしまうと現実が追いつきませんから、そこは要注意ですね。

地に足が着いた、丁寧な生活。

まずは週に1日、そんな日を設けてみてはいかがでしょうか？　もちろん、いきなりうまくいくとは期待せずに。でも、少しずつ成長していく自分を感じられると、徐々に1日だけでは飽き足らずに、丁寧に暮らす日を増やしていきたくなるでしょう。

最高の自己充足は「自己超越」

有名なマズローの欲求5段階説（1．生理的欲求、2．安全の欲求、3．社会的欲求、4．承認欲求、5．自己実現の欲求）がありますが、実はそれには6段階目があることをご存じでしょうか？　それが「自己超越」というものです。自分自身を満たすことができると、人は自分の欲求を越えて、社会や世界、周りの人の幸せや喜びに貢献したい、という「与える意識」を持つようになります。

ここではそんな視点に立って自己充足の方法をご紹介していきたいと思います。

【自己超越のアクション】

①夢や目標を常に持ち、その実現を目指し続ける

あなたは今、夢がありますか？

明確な目標を持っていますか？

夢や目標を持ち、その実現に向けて努力することは、寂しさや孤独感からあなたを解放してくれるすごい力があるものなのです。

ただ、ここで言う夢や目標というのは「個人的」なものではありません。その夢や目標を実現することで喜んでくれる人たちの姿をはっきりイメージできるような「社会的」なものを指しています。

「この製品が完成すれば、困っている人たちの生活がきっと楽になる」

「子供食堂をあちこちに作ることで、子供たちを笑顔にしてあげられる」

「カンボジアに井戸や学校を寄付して、現地の人の生活をよりよいものにしてあげたい」

「砂漠化を止めるべく、緑化運動を広げていきたい」

「海洋汚染物を取り除くことで、海の生物の安全を確保するだけでなく、食の安全につなげたい」

そんな、社会や世界が笑顔になるような夢や目標を持って、実現に向けて頑張って

マズロー「6段階目の欲求」

6 自己超越の欲求
自分以外の、
他者や社会へ貢献を
したいという欲求
5 自己実現の欲求
「あるべき自分」の目標を持ち、
実現したいという欲求
4 承認欲求
他者から
認められたいという欲求
3 社会的欲求
家族や集団などに
受け入れられたいという欲求
2 安全の欲求
危険を避けたい、
安全な状態で生きたいという欲求
1 生理的欲求
空腹や喉の渇き、睡眠など、
生命を保つために欠かせない欲求

アメリカの心理学者・マズローは、人間の欲求は5段階のピラミッドのような階層になっていて、下の階層の欲求が満たされると、より上の階層の欲求を求めるという「欲求5段階説」を提唱した。さらに、6段階目の「自己超越の欲求」が加えられた。

いる方々がたくさんいらっしゃるのですが、彼らはその夢が壮大であるがゆえに寝る間も惜しんで努力し続けているのです。そして、いつかその夢が実現されたときの喜び（それは困っている人たちや子供たちが心から笑顔になること）を想像していたら、寂しさや孤独感が入り込む余地はありません。

もちろん、今、そのような大きな夢や目標がなくても大丈夫です。まずは個人的な夢や目標を持ち、それを実現させていけばいいんです。そうした夢を叶えていくと、徐々にその夢は大きくなり、やがて自己を超越した夢を目指したくなるのです（マズローが提唱する5段階目の欲求は「自己実現」ですから、まずはそれを実践していけば、自然と6段階目の「自己超越」を目指したくなります）。

②「ライフワーク」をデザインする

夢や目標の実現を目指すことに少し似ていますが、私はよく「ライフワークを生きる」ということを提唱しています。私が言うライフワークとは「自分らしい幸せな生き方」を指し、仕事はもちろんですが、パートナーシップ、家族、友人、趣味、健康等のあらゆる面で自分らしい幸せを追求していくことを意味しています。

私たちは一人ひとり異なる性格や趣味・嗜好を持っていますから、幸せの感じ方も人それぞれ違います。それを画一化して「これが幸せだ！」と提示されても、それにフィットしない人もたくさんいるのです。だからこそ、一人ひとりが自分に合ったライフワークをデザインし、その実現に向けて実践的に生きることが大事なのです。

それこそ、コロナ禍で自分の生き方や働き方を考え直している方は少なくないと思います。私のクライアントさんでも、都心での生活を捨てて地方に移住したり、都心に構えていた店舗を閉店して、地元密着型の店舗に注力して成功していたり、やはり誰かと一緒に生きていきたいと婚活を本格的に始めたり、逆に「自分らしい生き方をしたい」と我慢ばかりの夫婦関係を清算したり、「仕事よりも趣味に生きるのが自分らしい生き方だ」と気づいて降格を願い出て自由な生活を手に入れたり……。この1

年で様々な変化を体験された方が少なくありません。

自分にはどんな生き方が合っているのか？

オフィスに出勤するのがいいのか？　在宅勤務が合っているのか？

会社に所属するのが自分らしいのか？　それともフリーランスの生き方がふさわしいのか？

都会が好きなのか？　自然の多いところが落ち着くのか？

パートナーとの距離感はどれくらいがちょうどいいのか？

様々な項目がありますが、それぞれに「自分らしさ」を見ていくのです。

一見、膨大な作業に思えます。確かに考えようとすると大変な作業ですが、感覚や感情を使えば意外と簡単にライフワークをデザインすることは可能です。

例えば、こんな実習（ワーク）をよく提案しています。

「あなたの理想の家の間取りを考えてください。そして、借景やその家の周りの環境等も一緒に想像してみてください」

皆さんも遊び感覚でやってみると、ライフワークにつながる要素がそこかしこに見えてきます。

ファッションが大好きな人は広いウォークインクローゼットを描くでしょう。料理が好きで、友達を招いてパーティをしたい人は広いリビングにアイランド型のキッチンを配置するでしょうし、私のように家が仕事場でもある人は、しっかりした書斎をデザインすると思います。

また、自分が毎日笑顔で、幸せで、自由な生活を送っていることを日々イメージしながら暮らしてみると、今の生活がそうでなくても、豊かさを感じられたり、日々の楽しみに気づけたり、ワクワクするような毎日を送れるようになります。これは前項の夢の力（179ページ）がそうさせるのだと思いますが、皆さんも「ライフワーク」を自分なりにデザインしてみることで、「今」に幸せを感じやすくなるはずです。

もちろん、そこに寂しさや孤独感が入り込む隙間はありませんね。

③リーダーシップを取り続ける

リーダーシップのとらえ方は今世紀に入ってどんどん変わってきているようです。「チームで山登りをすること」を例に説明してみたいと思います。

かつてのリーダーは「俺についてこい！」という男性性優位なリーダーシップが必要でした。道半ばで挫折しそうになったメンバーを叱咤激励し、気合を入れます。けがをしたメンバーがいれば、彼を背負って山を登るだけの力強さ、そして根性が求められました。

しかし、社会の情報化が進み、一人のリーダーがすべてを背負うにはあまりにも荷が重くなり、チーム構成も分業制が当たり前になってきました。それに加え、「心の時代」と言われるように、気合や根性などの男性性的な精神論が嫌悪される、いわゆる「女性性の時代」が訪れています。したがってリーダーは男性性だけでなく、女性性とのバランスが求められるようになっているのです。

この新しい形のリーダーは、挫折しそうになったメンバーが現れたら、寄り添い、話を聴き、価値や才能を見出し、信頼をします。そして、様々な役割を担うメンバーたちの橋渡し役となるべくコミュニケーションを重視するのです。

そんななか、けがをしたり、疲れて足が止まってしまったりしたメンバーに対しては「そこで休んでいていいぞ！　俺は先に進むから元気になったらあとをついてきてくれ」と言い残し、山頂を目指すのです。このリーダーは彼らを見捨てるのでしょうか？　もちろん違います。元気が残っているメンバーとともに山登りを続け、まず自分たちが登頂することを目指すのです。

そして、頂上にたどり着いたら、その成果を大いに喜び、その成果を「受け取る」のです。

その声は途中で休んでいるメンバーたちの耳にも届きます。そうすると、彼らもまた山頂を目指すモチベーションが復活し、歩み始めます。するとリーダーは自分たちがたどってきた道を案内することができます。「その分かれ道は右に進んだ方が安全だぞ。左は崖《がけ》がある。それから、その先に急な斜面があるが、意外と登りやすいから大丈夫だ」と言ったふうに。そうするとあとに続くメンバーは、リーダーよりも効率的に、かつ、早く頂上にたどり着くことができますね。

そして、再び頂上で、喜びを分かち合うのです。

このリーダーは分かりやすく言えば「自分が見本になる」ということを表しています。「見本になる」ということは、「あとに続く人たちに道を示す」、という表現もできます。

トラブルになっても「これはチャンスだ！　ここでまた新たなスキルが手に入る！」などと前向きにとらえたり、順調にプロジェクトが進んだらメンバーたちに「ありがとう！　君たちのおかげだ！」と感謝したり、常にヴィジョンを掲げ、そこに向けて試行錯誤している姿をメンバーに見せたりします。もちろん、人間には弱さがありますから、そこは隠しません。行き詰まればメンバーたちに頭を下げて助けを求めるだけの真の強さを持っています。失敗したときには悔しがり、涙を見せることもいとわなかったりします。つまり、人間的な魅力のある人が今の時代のリーダーとして求められているのです。

もちろん、リーダーは会社のプロジェクトにだけいるわけではありません。もし、お子さんがいらっしゃるのであれば、あなたは子供にとってのリーダーになります。また、パートナーシップにおいては、家事に関しては妻がリーダーシップを取り、家計の管理については夫が取る等、お互いがそれぞれの得意な分野でリーダーシップを取り合うのです。

そうするとリーダーは常に成長し続けることが求められます。

つまり、リーダーシップを取るとは、自分をさらに成長させる大きな意識のあり方とも言えるのです。

だから、自らリーダーであることを自覚し、リーダーシップを取り続けることで、自分自身も成長し、また、メンバーたちをも成長させることができるのです。

④周囲の人を育てる・育む

4章で寂しさや孤独から抜け出す方法として「誰かを応援する」という方法を紹介しましたが、その発展形が「育てる・育む」という行動です。

そうすると「親になって子を育てる」ということが真っ先に浮かぶと思います。子供と毎日一緒に過ごし、実家や地域社会のサポートを受けながら、夫婦で協力して子供を育てる間は、寂しさを感じることはあまり多くありません（もちろん、周りの人とのつながりが切れてしまったら、子育ての孤独を感じることになりますが）。

さらに、上司が部下を育てる、ということもまた、同じです。

育てるということ自体が「与える」ということになります。もちろん、一人の大人を戦力として育てるにはそれなりの葛藤や苦悩を伴うものですが、そこで得られる充実感や喜びもまた、大きいものです。

また、誰かの夢や目標の実現をより身近な立場でサポートすることもまた「育てる」ことになりますね。（スポーツにおけるコーチや、歌手にとってのヴォイストレーナーなどが分かりやすい例でしょうか）。

師匠が弟子を育てる、ということは、弟子の夢を師匠がサポートし、叶えさせてあげることを意味します。私もカウンセラーとして弟子を取るようになりましたが、自分を越える弟子を一人でも多く育てることが私の今のミッションの一つになり、彼らの活躍が自分の喜びとなっています。その喜びが寂しさや孤独感から自分を解き放ってくれているのです。

この章では、日常的にできることから、人生を大きく左右する方法まで広くご紹介しましたが、「自分を充足させてあげる」という試みは心を満たし、喜びを感じながら日々を過ごすことを可能にしてくれるものです。

それは自分の心とのつながりをもたらしてくれ、孤独感や寂しさを癒してくれるのです。

おわりに

最後までお読みいただき、ありがとうございました。

この本では「孤独感」、「寂しさ」と向き合って、上手に付き合い、乗り越えていくための様々なプロセスをご紹介しました。今の段階では、少し難しく感じた項目もあるかもしれませんが、ご自身の成長に合わせて必要な個所を活用していただけるように、日常的に使えるものから、人生を左右する大きな方法までを織り込んだ1冊となっています。人生の折々で、「寂しさ、孤独感」を感じた際に手に取っていただければ幸いです。

さて、最後に私自身の話をさせていただこうと思います。

今から思えば、私は子どもの頃からずっと寂しさを抱えてきたように思います。家族にはとても愛されていたのですが、離婚によって父と離れ離れになったり（その父も孤独を抱えた人でした）、多感な思春期には周りの人とのつながりを自ら拒絶して孤独になろうとしたり、親友が自死を選んだことで絶望的な寂しさを味わったり、失恋をくり返して自暴自棄になったり、常に寂しさと共にありました。

しかし、なかなか自分の寂しさに気づけず、認めようとしませんでした。

カウンセラーとして駆け出しの頃、電話である女性の恋愛相談を受けていました。「彼氏からの連絡が突然途絶えてしまったんです」という彼女の話に合わせるように「それは寂しいですよね」と共感した私。電話の向こうの女性の「そうなんです。すごく寂しいんです」とすすり泣く声が受話器越しに聞こえてきました。

しかし、そのとき私はふと「寂しいってどんな感情だっけ？」と思ったのです。すると、その後はその疑問にとらわれて彼女の話があまり入ってこなくなり、電話を切ったのちも「寂しさってなんだ？　どんな感情なんだ？」と頭のなかがぐるぐるしていました。そして、しばらくしてハッと気づいたのです。

「自分はずーっと寂しかったんだ。寂しいのが当たり前だったから、分からなくなっていたんだ」と。

それは衝撃的な気づきで、しばらく茫然としていました。しかし、大変なのはそれからです。それまでの人生の様々なシーンが思い出され、胸が苦しくなるほどの寂しさが次々押し寄せてきたのです。その後しばらくの間、何をしていても、誰といてもその寂しさから逃れることができなかったのです。幸いそのときは、定期的に自分を癒すセミナーに参加していたので、比較的早くそこを抜けることができたのですが、この出来事は、私のカウンセラーとしての原体験になっていると思います。

それ以降、私は自分が寂しがり屋であることを大いに認めることにしました。「僕は寂しがり屋やから」と公言し、人に甘えることも覚えました。一人の時間も大切にしたいのですが、いつも誰かの存在を感じていたいので休みの日は家族や友達や仲間を誘って温泉に出かけたり、BBQをしたり、ご飯を食べたりすることが常になりました。

私は社会人になってずっと出張が多いのですが、行く先々で「行きつけの店」を作り、何かと顔を出しては「よぉ、根本さん。いらっしゃい！」と迎えられて、自分の居場所にしています。ふらっと入ったお店でもカウンターに陣取ってお店の人と何かとおしゃべりします。

しかし、そんなふうにしていても、寂しさからお酒にのめり込み、お医者さんから注意を受けたり、また、月に休日が1日もないスケジュールをこなすハードワークの日々を経験して燃え尽きたりしたこともあります。

そこから再びほんとうに自分がしたいことを追求し、本やブログを書き、セミナーを開くことで多くの人に心理学やカウンセリングのおもしろさを伝えること、そして、自分を越える優秀な弟子を育てることが私の目標になりました。そうすると「休暇も仕事のうち」という考え方に変わり、今では酒量も減り、休みの日も意図的に作れるようになりました。

ここまで書いてきて気づいたのですが、この本はかつての自分に読ませたい1冊かもしれませんね。あのとき、この考え方、やり方を知っていたらあそこまでお酒や仕事にハマり込むことはなかったでしょう。

しかし、よくよく考えると、私の元を訪れてくれるクライアントさんは私と同じように寂しがり屋で孤独感が強い方が多いかもしれません。引き寄せられているのでしょうか。そうした方々と共に寂しさと向き合い、孤独を乗り越える方法をあれこれ考え、実践した方法をまとめたものが本書と言えるかもしれません。

この本を手に取ってくださったあなたも、きっと私たちの同志なのでしょう。その寂しさや孤独感は必ず癒え、そしてその先には自分が目指すべきヴィジョンが必ずあります。

あなたがより自分らしく生きるための一助になりましたら最高にうれしいです。

２０２１年３月　大阪にある自宅の書斎にて

根本裕幸

みんなの「寂しさの癒し方」

私のブログ読者やSNSのフォロワーさんに、「『あなたの寂しさの癒し方』を教えてください」とお願いしたところ、たくさんの癒し方が集まりました。寂しさや孤独感から抜け出す本質的な方法は本文に記しましたが、日常のなかで「ちょっと寂しいな」と感じたときなどには、読者の皆さんから寄せられた方法がとても参考になるのではと思います。

・・・

親しい同僚と話をする。おいしいものを食べにいく。オンライン飲み会ができる人を探す。セミナーに参加する。LINEで友達とメッセージのやり取りをしたり、電話をする。友達に会いに行く。カフェ巡り。ペットショップにかわいい犬や猫を見に行く。ブログや本を読む。

（YTさん）

・・・

寂しい雰囲気の曲を聴いて歌って泣きまくる。寂しい映画や動画を観たり、寂しい気持ちになる本を読んで泣きまくる。寂しい場所に行き一人で佇む。……傷口に塩を塗るように、存分に寂しいを味わいます。

あとは、夫や子供たちにハグして！と頼んで、ハグしてもらいます。

誰かのブログやフェイスブックの投稿等を見て「大丈夫、私は一人じゃない」と感じられるよう、人とのつながりを探します。

あとは、何も考えずに寝る！

（MMさん）

・・・

食べたいものを食べに行く。カフェに行く。公園で一人でぼんやりする。

好きな入浴剤を入れた湯船に浸

かってキャンドルを灯してぼんやりする（アファメーションしたり、瞑想したり、100均の子供用お風呂おもちゃで遊んだりします）。
　本を読んだりゲームをしたりする。お気に入りのぬいぐるみを抱いて好きなだけ寝る。勇気を出して友達にLINEする。ひたすらネットを見る。SNSに何か書き込んだりする。

（AYさん）

・・・

　寂しい気持ちを文章化してブログにアップする（名前は明かしていないブログです）……寂しさや孤独感を詩的な感じにまとめてブログに書きます。名前も知らない誰かが読んで共感してくれるかも、と思うと、孤独感や寂しさが癒されます。

　神社に行って、私にピッタリのアドバイスをくださいと言っておみくじを引きます。必死なときほど、「今はつらいけど、後にきっと光が当たる。毎日楽しく頑張りなさい」的な励ましの言葉が書いてあるんです。それだけで孤独感や寂しさが癒されます。

　根本さんのブログを読みます。……いろいろな方のメッセージや体験談を読むだけで、「孤独を感じているのは私だけじゃないんだ」と思えます。

（YMさん）

・・・

　お気に入りの本を読んで、そのなかの言葉で自分を慰める。ダンスクールで大好きなディズニーの曲で踊って、楽しむ！　アニメや韓国ドラマを観て泣く。感動する。家族、友達に連絡をして関係ない話をして笑う。携帯に保存してある写真を眺める。

（IAさん）

・・・

　ひたすら、自分と対話する。寂しいを味わい尽くす。「寂しい寂しい」と唱える。一人で思いっきり、カラオケする。寂しいからと言って、何かでごまかしたり紛らわさないようにしてます！

（KYさん）

・・・

「寂しい」という発作が出たら、ひたすら「寂しい寂しい寂しい」と呪文のようにくり返しながら、泣き続けると楽になります。

（UHさん）

・・・

お酒を飲む。一人で居酒屋へ行きます。日本酒飲みます。

あとは図書館へ行くことです。本を通じて作者と友達になれます。

ここ最近ハマりだしたのが「塗り絵」です！　ほんとうに無心になれます。子どもの頃に塗り絵に夢中になってた私そのものです。

（MAさん）

・・・

想像力を働かせることです。

私が寂しいと感じるときは、自分と周りを比較しているときです。私は親の転勤や留学で海外を転々としていました。幼少期、親が厳しかったこともあり、親密な関係を築く方法が分かっておりません。「その場のノリに合わせないと嫌われる」と自分を偽っているときに寂しさや孤独を感じます。

そういうときは、私が知らないだけで、人それぞれ人に言えない悩みがあるかもしれないと想像し、受け入れられないところがあっても上手く付き合えばよいと思うようにしています。「自分に合う人を探したら、居心地がよい環境がいつか見つかるかも」とポジティブに考えるようにしてます。

（GMさん）

・・・

寂しさに向き合い、「これが寂しさというヤツか！」と感じながら、泣く。感じている寂しさを文章にする。聞いてくれる友人に話す。恋人にくっつく。根本先生の本およびブログを読む。占いに行く。めちゃくちゃ仕事する。

（SAさん）

大人になってからの解消法は、定番ですが、お気に入りのぬいぐるみと話すことです(笑)。これって「投影」だと思うのですが、自分がぬいぐるみをかわいいと思うのは、自分が自分をかわいいと思っているのでしょうか？　そうしているとあまり寂しい感じはしません。

（MAさん）

自分の手を撫でながら、「好きだよ、大好きだよ」と唱える。

（MNさん）

私が心がけているのは、「ほんとうに寂しいと思ってる？」と自分に問いかけることです。「自分は一人ぼっちだとか、愛されてないとか、それってほんとうなの？　思い込みがひどくなってない？」等と心に問いかけます。すると焦燥感が消え、温かいルイボスティーでも飲んで優雅に過ごそう♪という気持ちに変わっています。

（TMさん）

好きな人に会いに行く。お菓子を作る。感情のままにたくさん泣く。

（HTさん）

「今、私は寂しいんだなー」と頭のなかで言葉にする。瞑想する。読書する。

あえて他人には頼らないようにしてます。

（SNさん）

オンラインのヨガレッスンです。体を動かすので心も体もスッキリするし、勝手に心がポジティブに向かいます。

（HMさん）

漫画を読んだりアニメを観ることです。小さい頃から漫画をたくさん読んでいたので、漫画の世界に入り込んで頭のなかがストーリーで満たされると自分が戻ってくるような感じがします。

（HAさん）

・・・

ツイートキャスティング（略してツイキャス）という配信アプリを見ることです。

私は専ら見る専門ですが、コメントをすることで、その配信主さんと会話ができます。

そこで「人と会話をする」という感覚があるので、自粛中も寂しさはあまり感じませんでした。

（OKさん）

・・・

夫に「寂しい」って伝えて、ハグをしてもらって、甘えます。

・・・

ホルモンバランスの影響で、憂鬱な気分になったり、わけもなく寂しくなったり、泣いてしまうときもあるんですが、基本的に家にいれば速攻でハグ、仕事中ならメールでSOS出します。

（MRさん）

・・・

悲しい曲・泣ける歌を聴いて、歌いながら泣く。

人に気軽に打ち明けたりできないので、そういうときは自分の『さみしぃ〜〜』という感情に思いっきり浸る！

自分のお気に入りの泣ける曲があれば、5分で感情が解放できてスッキリできます。

（NYさん）

・・・

うちの猫のお腹と肉球と耳を吸います。

（OEさん）

・・・

布団をかぶって、ひたすら自分と向き合って、寂しさを味わいきって癒します。

あとは根本さんのブログを読みまくる！

（SAさん）

・・・

カフェやフラワーカフェに行き、その空間とコーヒーを味わう。

プラネタリウムに行き、ほぼ半日そこで星や夜空に包まれてひたすらに泣く。

めちゃくちゃ暗い音楽、またはアップテンポな音楽に浸る（歌ったり踊ったり弾いたり…）。

お風呂に好きな入浴剤を入れて、フ～と言う。

ぬいぐるみを抱きしめて思っていること（できるだけ自分に優しいこと）を言う。

思い切り落ち込んで、自分の感情を感じて、ひたすらに自分の内側にこもる。

この世で一番大切な存在（息子）を思い出す→息子の成長や巣立つ日を思う→結局人は一人なんだと思う→でも元気でいてほしいと思う→それでいいじゃないかと思う→離れていても同じ今現在を生きてるじゃないかと思う→何となく寂しくも心強い気持ちが湧いてくるなどなど、です。（SAさん）

・・・

恋人、猫ちゃん、仲間に、「さみしい」「一人ぼっちな気がする」と伝えたり、ツイッターに書いたりします。（Iさん）

・・・

泣く。孤独を感じまくる。眠る。またいいこともあるはずと、気を取り直す。（TYさん）

・・・

「寂しさ」と一緒に居ます。寂しい気持ちをどうにかしようとしなくなったように思います。

体を温める。緩める。休む。

「私の寂しさは私だけのもの」と思ったら、それすらも愛しいと思うときもあります。（MHさん）

・・・

一人で無為に過ごしているときに寂しさを感じるので、何かに没頭します。ユーチューブでお笑いを見る。読書をする。映画を観る。料理を作る。

あとは、孤独を感じたときは、「いつも孤独を感じるわけじゃないってことは、普段周りに恵まれてるってことやなぁ」としみじみ感謝する。
　そうしていると、寂しさはどこかにいきます。　（KKさん）

・「寂しい……」としみじみ感じてみる。これだけで結構癒されます。

・寂しい気分のまま、カフェで甘い飲み物（チャイティーラテやカフェモカなど）を飲んで感傷に浸る。

・だいたいカフェには似たようなお一人さまが必ず一人はいるので、その人を勝手に「仲間認定」して眺めながら「アタシは一人じゃない！」と感じてみる。

・その後広めの公園を歩きながら、寂しさを感じるきっかけになった出来事をぼんやり考えてみる。

・ベンチに座りながら「その出来事のなかにも愛はあったよなぁ…」とポジティブな側面を発見してみる。

・同じように寂しそうにしているベンチ周辺の人を眺め、勝手に「仲間認定」しながら「アタシは一人じゃない！」とまた感じてみる。
（MAさん）

・地元民に愛されている銭湯に行って、お風呂に入り、地元民の話に耳を傾ける。

・活気のある商店街に行って、人々を眺める。

・立ち飲み屋に行って、偶然隣になった人に話しかけて友達になる。

・動物や植物に接する。

・SNSの友人の投稿にコメントする。

・自分で企画を立てて、仲間たちと一緒に遊びに行く。

・本を読んで作者と対話する。

・ひたすら寂しい気持ちや孤独な気持ちを書き出す。

・湯たんぽをお腹にあてる。
（ITさん）

寝る！　食べる！　ドライブし

て大好きな風景を見に行く！　さぼる！　人に笑顔で接する！　高級クリームを買う！（HYさん）

泣きます。

気兼ねなく泣ける環境で、本、映画、思い出の写真、根本さんのワークなど泣けるものを総動員してひたすら泣く↓泣きつかれて寝る↓お腹すく↓おいしいもの食べる↓しあわせ〜。（NNさん）

私に「ありがとう」って言ってくれそうな人をたくさん思い浮かべて、脳内で「ありがとう」のシャワーを浴びます。（Iさん）

私は一人で座り読みできる本屋へ行きます。

好きな雑誌を読んだり、新刊チェックしたり、高い画集をめくったり。

文房具のコーナーで万年筆を眺めたり、便箋を見て手紙を書くのを妄想したりで2時間弱くらい過ごす。気に入った本があれば買って帰ります。（Aさん）

人と一緒にいると余計に孤独感が増すこともあるので、一人でできることをする。ホラー映画で恐怖を味わう（孤独感を感じる隙を与えない）。韓国恋愛ドラマを観てドキドキする。イケメンアイドルをいつもより熱量多めで応援する（応援することで自分の存在意義を感じる）。（Sさん）

ひたすら動画を見漁って、「待って無理かわいい尊い無理死ぬかわいいムリ眼福」って、語彙力なくすくらいおバカになれると、とてつもなく幸せな気持ちになって「寂しさ」は吹っ飛びます。（Kさん）

本書に登場した
「自分軸」「自己肯定感」「ライフワーク」
について、理解をさらに深めたい方への参考資料
（いずれも根本裕幸著）をご紹介します。

【「自分軸」を確立する方法について】

『人のために頑張りすぎて疲れた時に読む本』
（大和書房）

『敏感すぎるあなたが人付き合いで疲れない方法』
（フォレスト出版）

【「自己肯定感」をあげる方法について】

『敏感すぎるあなたが７日間で自己肯定感をあげる方法』
（あさ出版）

【「ライフワーク」の描き方について】

『つい「他人軸」になるあなたが７日間で
自分らしい生き方を見つける方法』
（あさ出版）

根本裕幸
（ねもと・ひろゆき）

心理カウンセラー。1972年静岡県生まれ、大阪府在住。1997年より神戸メンタルサービス代表・平準司氏に師事。2000年より、プロのカウンセラーとして活動。2015年、フリーのカウンセラー／講師／作家として活動を始める。著書に、『敏感すぎるあなたが７日間で自己肯定感をあげる方法』『つい「他人軸」になるあなたが７日間で自分らしい生き方を見つける方法』（共にあさ出版）、『人のために頑張りすぎて疲れた時に読む本』、『「いつも無理してるな」と思った時に読む本』（共に大和書房）、『ギリギリまで我慢してしまうあなたへ 逃げる技術』（徳間書店）、『いつも自分のせいにする罪悪感がすーっと消えてなくなる本』（ディスカヴァー・トゥエンティワン）、『７日間で自分で決められる人になる』（サンマーク出版）、『「もう傷つきたくない」あなたが執着を手放して「幸せ」になる本』（学研プラス）ほか著書多数。

ふと感じる寂しさ、孤独感を癒す本

2021年5月19日　初版第1刷発行
2021年5月31日　初版第2刷発行

著者　根本裕幸

編集協力　渡辺のぞみ
イラスト　須山奈津希
ブックデザイン　五味朋代（フレーズ）

発行者　松原淑子
発行所　清流出版株式会社
〒101-0051
東京都千代田区神田神保町3-7-1
電話　03-3288-5405
ホームページ　http://www.seiryupub.co.jp/

編集担当　秋篠貴子
印刷・製本　大日本印刷株式会社

乱丁・落丁本はお取替えいたします。
ISBN978-4-86029-504-2